天神真楊流
柔術極意教授図解

吉田千春
磯又右衛門

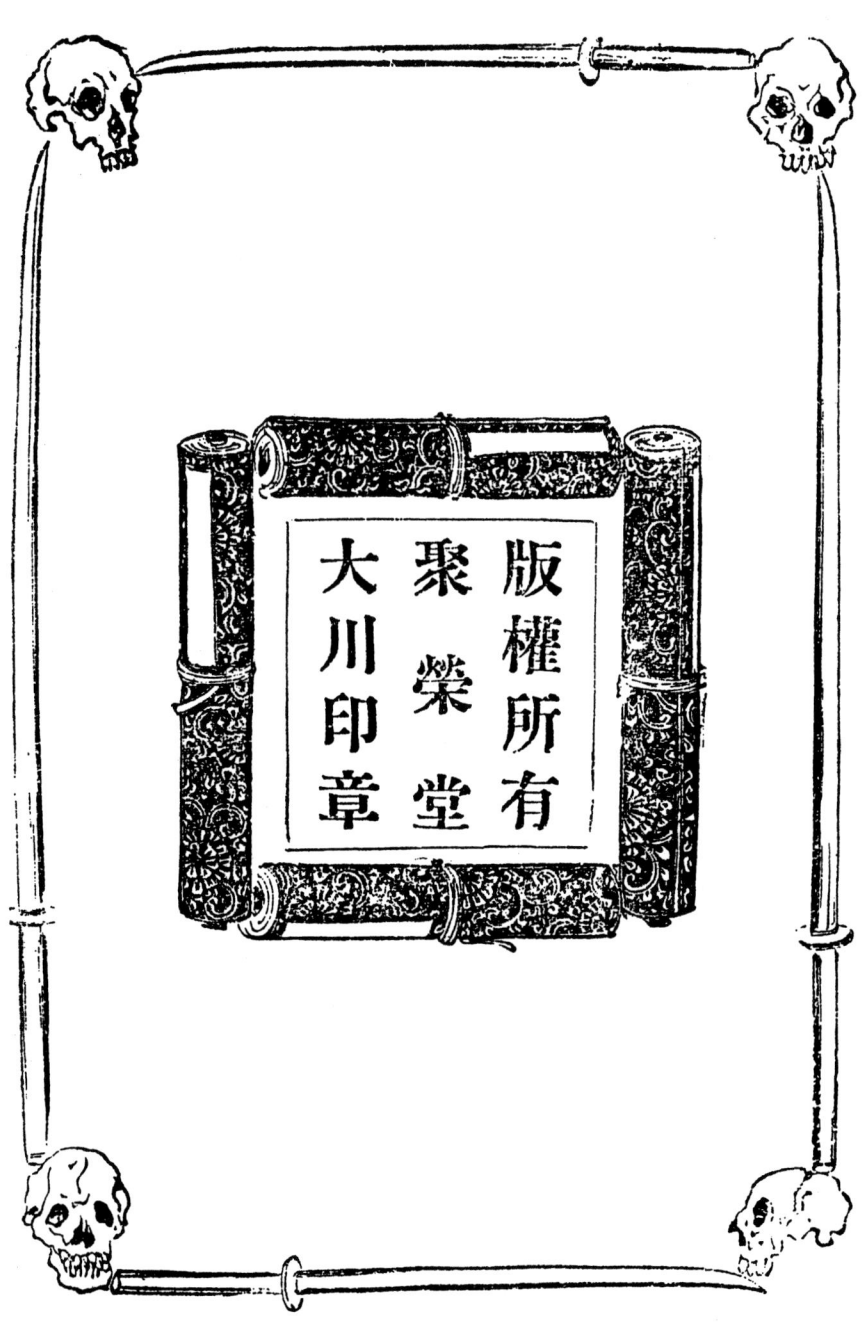

放探心

剛

秀氣

衡量

斗

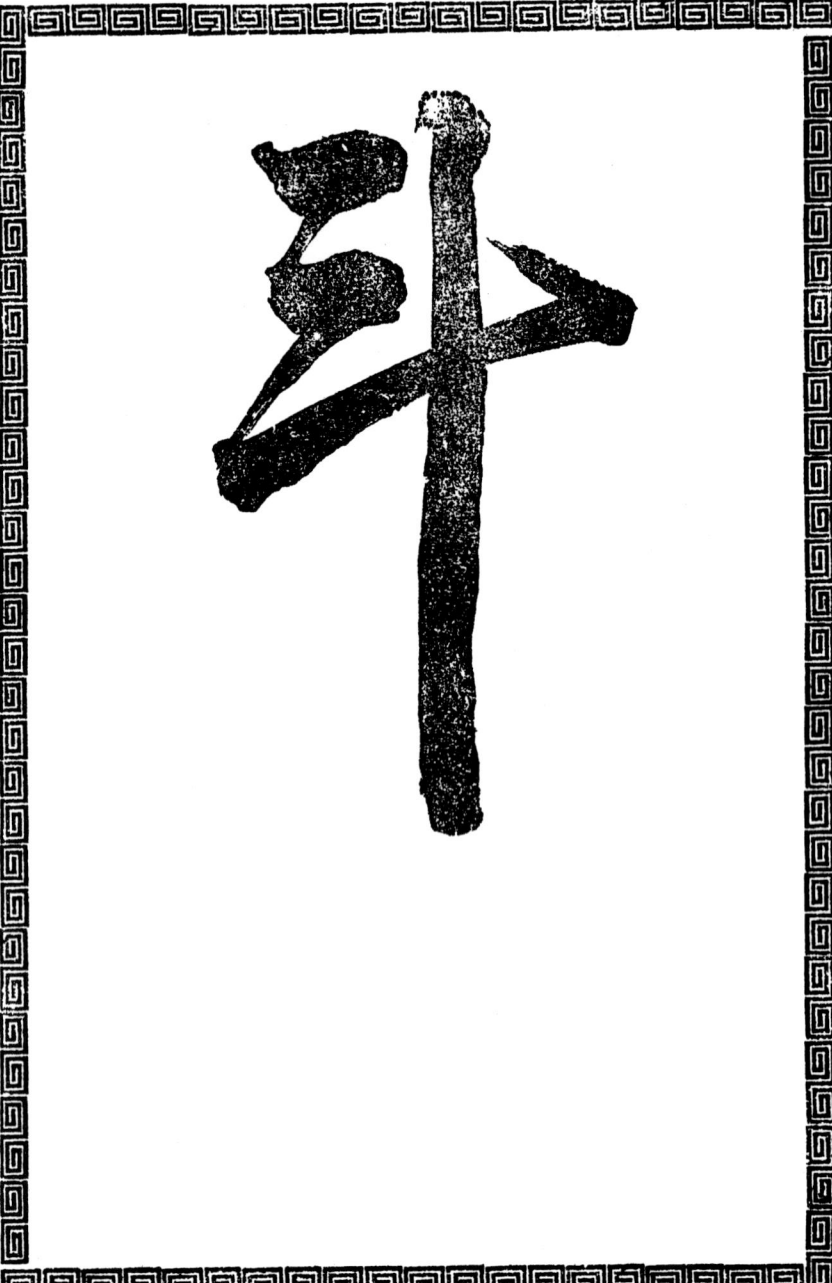

明治廿六年
三好重臣題

安心

從二位
子爵海江田信義

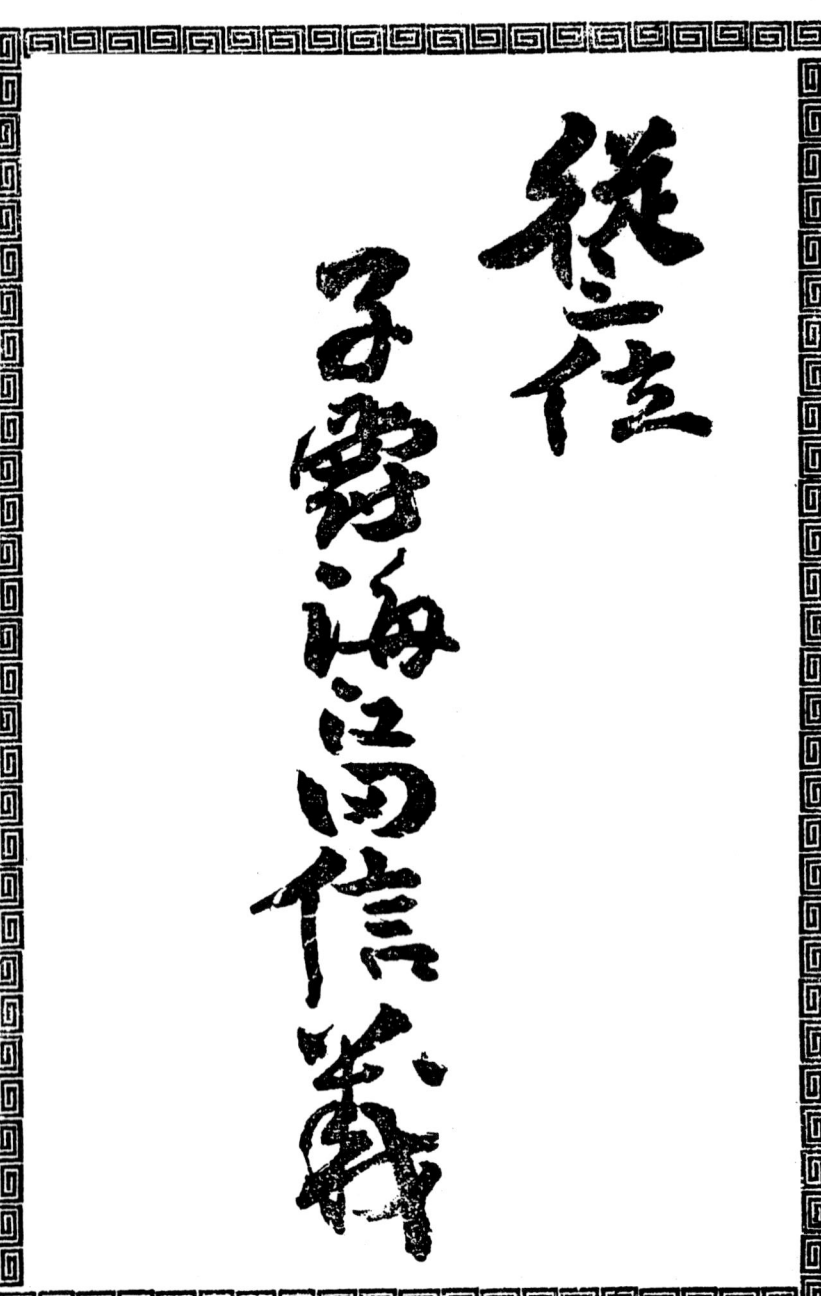

天神眞楊流柔術極意教習圖解序

凡ソ社會ノ進歩ハソノ百般ノ事物相湊合シテ進歩スルニ外ナラズ而シテ事物ノ進歩ハ各々其經驗研究ノ結果タリ故ニ苟モ世ヲ益シ人ヲ利シ以テ社會ヲ裨補スルモノアラバ永クソノ消滅セザランコトヲ務メザルベカラズ我ガ邦柔術ノ如キモ亦是ナリ蓋シソノ發達シタル既往三百年間我ガ邦一種ノ思想家ノ練磨研究セシ結果ニシテ世界ノ思想發達ノ歴史上亦一種ノ奇觀タリ今天神眞楊流ハ即チソノ一大流派ニシテ予モ往年第三世磯氏及ヒ福田氏ニ就キテソノ流義ヲ修メタルコトアリ而ソ其敎旨中ニハ自ラ玄奥ノ義アリ蓋シ深遠ナル研究ノ結

果タルコトヲ信ゼリ今日予ガ講ズル所ノ講道館柔道ヲ其ノ一部ハ實ニコノ奥義ヲ應用シタルモノニシテコノ流ノ永ク世ニ傳ハリ廣ク人ノ學バンコトハ予ノ深ク希望スル所ナリ吉田千春及磯又右衛門ノ二君亦コヽニ感ズル所アリ頃日天神眞楊流柔術極意敎習圖解ヲ著シテ序ヲ予ニ問ハル吉田君ハ久シクソノ敎授ニ從事セラレ磯君ハ先師ノ令孫タリコノ書ノ世ヲ益シ人ヲ利シソノ流義ヲシテ永ク世ニ傳ハラシメンコト予ノ深ク希望スル所ナリ是ニ於テ序ス

明治廿六年十一月下旬

講道館師範嘉納治五郎識

夫レ柔術ハ自己ノ一身ヲ保護スルノミナラス一朝事アルニ際シテ其功ヲ國家ニ奏スルヿ實ニ多シ故ニ今日爭攘ノ世ニアリテハ一日モ欠ク可カラザルナリ然ルニ我カ天神眞楊流ノ諸國ニ傳播スルモノヲ見ルニ往々流祖柳關齋遺傳ノ法式ヲ錯マリ其風ヲ乱ルモノ少ナカラス此武技隆盛ノ時ニ當リテ其傳ノ流弊此ノ如シ今ニシテ矯正セザレハ或ハ國家保護ノ目的ヲ誤ルモ測ル可ラス予ヤ弱冠未タ其技ニ達スルヲ得ス此ヲ以テ猶素志ヲ遂グルヿ能ハス然ルニ曾々吉田千春氏一書ヲ著シ以テ其

流弊ヲ矯正セントシ之ヲ予ニ謀ル余大ニ其擧ヲ贊シ謭劣ヲ省ミス聊カ愚意ヲ加ヘ合著トナシテ世ニ公ニス盖・其意專ラ其實ヲ知ラシムルニアリ故ニ文ノ重複ヲ嫌ハス又修飾ヲ加ヘス乞フ讀者行文ノ拙ナルヲ咎ムルヿナカレ

明治廿六年十一月下旬

眞楊流五世孫

磯　又右工門　撰

凡ソ技術ク何タルヲ問ハス其妙ヲ極メント欲セハ其良師ヲ撰ヒ其教ニ從ヒテ修練スヘキハ論ヲ待タス然レモ山村僻邑ニアルモノ其技ヲ學ハント欲スルモ良師ニ乏シキニ苦シム是レ有志ノ徒ノ常ニ遺憾トスル所ナリ魁眞樓主人モ亦茲ニ感アリ曾テ柔術劒棒圖解ヲ著ス而ルニ猶足ラサル所アリ誤謬モ亦隨テ多シ此ニ於テ又磯君ト謀リ更ニ其不足ヲ補ヒ其誤謬ヲ正シ百二十四番ノ捕合予ノ摸形及ヒ死者蘇生法等ニ至ルマテ審カニ圖解ヲ加ヘ以テ彼ノ山村僻邑良師ニ乏シキノ徒ナシテ一見其法ヲ得セシメント欲シ上梓シテ以テ世ニ公ニス有志ノ

徒幸ニノ微衷ヲ採ラレンコトヲ

今も猶我學なる此業の
道の中端も得よそ知られぬ

明治廿六年十一月下旬

吉田千春題

柔術極意教範圖解

目錄

合數百二十四手

柔術極意教習圖解目錄畢

天神眞楊流 柔術極意教習圖解

吉田千春
五世 磯又右衛門　合著

第一　日本柔術ノ起源

抑モ柔術ナル者ハ神代ヨリ已ニ其萠芽アリテ鹿島香取ノ兩神東夷ヲ征伐シタマイシ時柔術ノ意味ヲ以テ敵ヲ搦《カラ》メ取リシト云然レモ此頃ヨリ北條執權ノ時代迄ハ一流ヲ立テ柔術ト稱フル事モナカリシ様ニ見ユ其後戰場ニテ組打ヲ爲ス節弱力ノ者强力ノ者ヲ容易《タヤス》ク組伏テ勝利ヲ得タル際ノ形狀ナドヲ集メテ基本トナシ諸先生ノ追々ニ工夫ヲ加ヘ遂ニ柔術ノ諸流ヲ起シタル者ノ如シ尤モ往古ハ總テ流名無キニ依テ考フレバ何藝ニヨラズ武術流儀ノ創始ハ皆斯ノ如キ者ナラント覺フ近頃陳元贇ヲ柔術ノ元祖ナリトドヽ云者ハ大

ナル誤リト云フヘシ

第二　天神眞楊流之起源

我ガ眞楊流ノ柔術ハ元ト楊心流ト眞之神道流トヲ合幷セシ者ナリ故ニ眞楊流ノ起源ヲ探ラントセバ先ヅ右二流ノ起源ヲ說カザルベカラズ抑モ楊心流ノ元祖ハ長崎表ニ秋山四郎兵衞由時ト云小兒醫師アリシガ醫學修業ノ爲ニ漢土ニ渡リシ際博轉ト云者ニ就テ柔術ノ三手ヲ習ヒ得タリ尤モ唐土ニテハ唯蹴ルト突クトノミヲ專ラニシテ日本當時ノ柔道トハ頗ル異ナル者ナリ由時ハ右三手ノ柔術ヲ熟練シテ尙活生法二拾八種ノ傳授ヲ得而シテ歸朝ノ后之ヲ敎授シタレモ其手數少ナキ故ニ學ビ習フ者皆半途ニシテ廢絕ス因テ由時之ヲ歎キ筑紫大宰府ノ天滿宮ニ百日ノ間祈願シテ手數ヲ工夫シ之ヲ三百三手ト成ス亦神廟ノ前ニ栁樹在リテ大雪ノ際ニモ其枝ニ雪ノ積ラザルヲ見テ感悟シ遂ニ楊心流ト號ス亦眞ノ神道流ハ大坂御

城同心山本民左衛門ト云人元祖ナリ最モ元來楊心流ヨリ工夫シテ分別シタル流儀ナル故ニ手形手數ノ名稱ナドモ同樣ナル事多ク在テ三百三手ノ内ヨリ擇ビ拔テ初段中段上段ト級格ヲ定メ其手數六十八手トナス是則チ眞之神道流ノ起源ナリ而シテ我ガ天神眞楊ハ右ノ二流ヲ合幷シタル者ニシテ柳關齋先生ハ則チ其流祖ナリトス

第三　眞楊流元祖ノ畧傳

柳關齋源正足先生ハ元來勢州松坂ノ產ニシテ紀州家ノ藩士ナリ本名ハ岡山八郎治ト云幼年ノ頃ヨリ武術ヲ好拾五才ニシテ京都ニ出テ其當時楊心流柔術ノ名人ナル一ツ柳公ノ家臣一ツ柳織部先生ノ門ニ入テ六七年間修業セシ時ニ先生死去セシカバ又浪士ニシテ眞ノ神道流柔術ノ達人本間丈右衛門先生ノ門ニ入リ晝夜心骨ヲ碎キテ修業セシニ六年ニ過キズシテ其奧儀ヲ極メ諸國ヲ遍歷シテ各藩ノ名家先生方ト試合シタレ𪜈一度モ不覺ヲ取リタル事ナシ亦修業中

故在テ江州草津ニ兩三年足ヲ止メ柔術ヲ指南セシ時人ノ爲メニ僅ニ門弟西村氏ト兩人ニテ百余人ノ悪者ヲ相手トシ多年修練ノ秘術ヲ以テ之ヲ追散シ人命ヲ救ヒシヿ在リ此時始メテ當身ノ事ニ附テ大ニ悟リシ處在リ尤モ戰場ニテハ組打ヲ專一トシ亦敵ニ依テ當身ノ術ヲ行フ事ハ諸流師家ノ知ル所ナリト雖圧諸流ニハ未ダ眞ノ當身ヲ以テ修業スル事ハアラザリシニ柳關齋先生ハ人命ヲ救ハンガ爲メニ處々ニテ眞劍ノ勝負ヲ成シ遂ニ眞ノ當ヲ以テ修業セザレバ勝利ヲ得ル能ハザルヲ悟リ是ヨリ更ニ眞ノ當ヲ受ル事ヲ工夫シ專ラ當身ノ修業ニ心力ヲ用ヰラレテ彼ノ柔能ク剛ヲ制スルノ意ニ達ス處モ多年心ヲ碎キテ終ニ其眞意ヲ得テ柔術ノ奥妙ヲ極メ乃チ楊心流ト眞ノ神道流トヲ合一シテ別ニ一派ヲ立テ手數百二拾四手ト定メ天神眞楊流ト号シ諸國ヲ巡歴修業ノ后東都ニ出柔道ヲ師範ス然ルニ故在テ一度栗山又右エ門ト云后亦磯氏ニ由緒在テ其家ヲ繼

ギ幕府ノ臣トナリ磯又右衛門柳關齋源正足ト稱シ名譽ヲ天下ニ轟シ諸國ノ藩士門下ニ集ル者五千余人ノ多キニ及ベリ是則チ我ガ天神眞楊流ノ元祖也

第四　藝術進達ニ必用ナル心法

凡ソ武藝ハ何藝ニヨヲズ其奥儀ヲ極メント思ハヽ先ヅ良師ヲ撰テ其門ニ入リ藝術ノ進達スルニ隨ヒ内ニハ勇氣ヲ充ツルモ敢テ外面ニ顯ハサズ他事ニ氣ヲ止メ心ヲ觸ル事ナク唯其師ノ指敎ニ隨テ修業ノ年月ヲ重ヌ古人ノ奥儀ヲ探ル事ヲ知ラバ則チ上手ノ部類ニ入ルヲ得ベシ然ルニ此ニ藝道進達ヲ妨グル三毒者有リ即チ酒色財ナリ若シ此ノ三毒物ヲ愼マズンバ假令藝道上達スル共色情ノ爲メニ心志ヲ奪ハレ金錢ノ爲メニ節儀ヲ誤リ或ハ大酒ニ酖リテ本心ヲ失ヒ前後モ知ラズ醉伏シテ不意ノ危難ニ陷リ或ハ高慢ノ心ヲ生ジテ諸人ヲ脚下ニ見ナシ彼等ハ何程ノ事ヲ仕出サンヤナドト侮リ輕シ

〆油斷シテ婦女童兒ノ如キ手弱キ者ニ謀ラレテ一生ノ不覺ヲ取リ後世迄汚名ヲ殘ス様ノ事在レバ假令藝道ハ頗ル上達スルモ眞ノ名人上手トハ云ヒ難シ故ニ眞ノ名人手利ノ地位ニ至ラント思ハバ能ク此ノ三毒ヲ戒〆愼デ修業スベキ事ナリ

第五　柔術之大意

柔術ノ大意ト云ハ身ニ全ク武具ヲ着ケズ唯今出生シタル赤裸ノ意味ヲ考究シテ能ク其精理ニ達スル事肝要ナリ其上ニテ武具ヲ着スレバ即チ内外能ク合体シテ心ハ身ヲ支配シ身ハ武具ヲ支配シテ武具ノ爲〆ニ身体ヲ支配セラル丶ノ憂ナシ然ル時ハ戰場ニ臨ミ組打ヲ爲スニモ能ク身体自由ノ働キヲ爲スヲ得ベシ凡ソ甲冑ヲ着スレバ起キ伏シノ進退自由ナラザル者ナレバ心ノ用ヒ方ヲ修行シテ心ヲ一身ノ主君ト定〆手足ヲ以テ其臣僕ト見爲シ能ク一心ト手足トヲ和合セシ〆テ後武具ヲ着用シ身体ノ働キヲ自由ニ爲スヲ必要ト

ス故ニ柔術ハ戰場ニ於テモ最モ要用ノ業ナリトス然ルヲ世人此ノ理ヲ知ラズシテ高貴ノ人杯ノ稽古スベキ者ト思バズ唯亂心酒狂ノ輩ニ出遇タル際ノミ用ベキ樣ニ心得ルハ大ヒナル誤ナリト云ベシ

第六　形ノ意味幷ニ力ノ論

凡ソ柔道ノ形ノ稽古ノ意味ハ活物ナルヤ又死物ナルヤ竝ニ些カ疑シキ處在ガ如シ然レ共柔道ノ稽古ノ形ハ死物ニモ非ズ亦活物ナリトモ云ヒ難シ何トナレバ先ヅ稽古ニ臨デ我ガ相手ハ必ズ敵ナリト思ヒ能ク位ヲ取テ而シテ前心通心殘心ノ要法ヲ守リ(前心トハ最初懸聲ヲ發シテヨリ形ノ擧動ニ取係ラザル間ノ心得ヲ云ヒ通心トハ形ノ擧動中ノ心ノ働キヲ云ヒ殘心トハ擧動終テ后我ガ眼ヲ轉ジテ敵ノ眼目ニ意ヲ注グ際ノ心得ヲ云フ)氣ヲ丹田ニ納メテ勇威ヲ外面ニ顯サズ敵ハ死物ノ如クナリトモ全ク活物ナリト思ヒ精神ヲ凝ラシテ修行スル時ハ則チ活物ノ稽古トナリ又之ヲ死物ノ如クニ思

テ行ヘバ死物ノ稽古ナリ譬ヘバ棒ヲ以テ打タル、時ニハ恐怖ノ心稍薄カルベキモ劒戟ヲ以テ斬ラントスル時ニハ直チニ性命ヲ失フノ思ヒ在レバ恐怖ノ心モ轉大ナルベシ故ニ常ニ白刄中ニ飛入ル心持ニテ修業スレバ上手名人ノ地位ニ至ル事モ難キニ非ザルナリ亦稽古中ニ力ヲ強ク入ルヲ忌ム事ハ一向ニ力ラヲ嫌フニハ非ズ元ヨリ力在ル者ト力無キ者ト藝術ノ上達同位ナレバ力在ル者ニハ若ク可カラズ然レドモ業未ダ熟セザルニ力ヲ用ユレバ身体手足ニ至ルマデ凝リ固リテ死ノ如クナリ其流儀ノ業ヲ覺ユル事難キ者ナリ故ニ氣ノ扱ヒト力ノ扱ヒトノ差別ヲ云ヘバ業ヲ行フニ輕ク柔ラカニシテスラリト滯リ無キヲ氣ノ扱ヒト云テ大ヰニ好ンデ用ユト雖モ一圖ニ心氣凝リ固リテ擧動ノ重ク硬《カタ》クナリタルヲ力ノ扱ヒト云フ甚ダ之ヲ嫌フナリ柔道ニ志ス者ハ良ク考ヘ可キ者トス

第七　眞ノ位ノ説

我ガ眞楊流柔術試合ノ手形ハ眞之位ヨリ始ル所以ハ例バ草木ノ果實一粒ヲ蒔テ萠芽ヲ發生シ長スルニ從ヒ根トナリ幹トナリ枝葉ト別ル、モ其終ニハ亦花ヲ開キ實ヲ結ビテ元ノ果實ニ返ルガ如キ意味ノ敎ヘニシテ此敎タルヤ獨リ之ノ試合ノミニ限ルニ非ズ萬法皆之ニ由テ辨フベシ實ニ大始大尾ノ試合ナリ先ヅ敵ヲ見ルニ其利腕並ニ持タル道具ニ心ヲ附ベシ一体敵ノ眼目ニ心ヲ附ルハ基ヨリナレドモ眼ニハ動モスレバ虛術ノ在ル者ナレバ之ノミニ依賴ス可カラズ敵動カザル時ハ之ニ應ズルノ目當ナシ故ニ我ガ身体ヲ正シク守ルベシ亦敵ニ向フニモ必ズ敵ヲ惡ミ思フベカラズ只我ガ全身ニ氣ヲ滿シム可シ但シ氣ヲ滿ルト云ニ口ヲ結ビ額上ニ靑筋ヲ立テ顏色ヲ朱ノ如クニ成スヲ云ニ非ズ之ニテハ手足共硬クナリテ意味少シク違フナリ我ガ肩ガイカラヌ樣全身柔ラカク爲シテ敵ノ變ニ應ズル事第一ナリ敵ヲ惡ミ無二無三ニ挫ガントスレバ却テ敵ニ制セヲル、者ナリ故ニ能ク心氣ヲ愼メテ体ヲ正シク守リ敵ノ詐リ設ケシ虛ニ乘ラヌ事肝要ナリ亦心ノ全ク滯リテ活動セザルハ居付共氣住共云テ甚ダ之ヲ忌ム或ハ我ト敵ト一体一氣ニナルヲ合氣ト云テ之モ宜シカラズ敵ノ變動ノ氣ニ付入ルヲ合氣ノ先ト云フ我モ敵モ動カザル先キニ拳法ヲ行フヲ不意ノ先ト云フ彼我共ニ適當ノ場處ヘ行キテ而シテ勝負ヲ決スルハ常ナリ其一足前ヨリ業ヲ行フヲ業ノ先ト云ナリ彼ノ身構ヘヲナシ形樣ヲ膳フナドハ形チノ先ト云テ即チ氣住ナリ人ヲ制スルニモ投ルニモ我ガ掌中ニ持タル石ヲ大地ヘ打込ガ如キ心持ニ成スベシ總テ敵ニ向フニハ歩行ニモ止マルニモ全身柔ラカニシテ肩ヲイカラヌ樣ニ心氣ヲ納ムレバ自カラ臍下充實スル者ナリ亦トウ〳〵ト懸聲ヲ發スルハ宜キガ其トウ〳〵タル聲ヲ腹ノ内ニテ渭フ心ヲ持ベシ然レバ口ヲ開キ物ヲ云フテモ臍下ノ氣拔ケヌナリ亦人ヲ搦メ捕ヘ或ハ投ルニモ良ク身体ヲ守リ先ヅ左手ニテ捕ラヘルニハ右ノ手足ニ心付亦右ノ足ニテ投ルニハ左リヲ良ク守ルベシ尚敵ニ向テ進ムニハ眞直ニ進デ敵ノ身隅ニ掛カルベシ人ノ形ハ角ナル者ナレバ其角々ヘ投ル事ヲ專ラ修業スベシ且ツ氣息荒クシテハ勝利ヲ得ル事難シ敵ト我ト身体接近シタル際ハ敵突カバ我ガ体ノ身隅ニ突レ敵引カバ我亦其身隅ニ掛リ頭ヨリ腰ニ至ル迄能ク柔ラカニ合氣ヲ離レテ敵ノ欲スル處ニ從ヒ例バ水上ニ瓢ヲ浮ベテ押バ脱ル如クニ敵ノ体ヲ我体ニ引受唯死ノ塲ニ行クヲ要トス之眞ニ死地ニ陷ルヲ欲スルニ非ズシテ死ヲ先ト爲ス時ハ生ノ理却テ其内ニ在ル者ナリ能ク心ヲ留メテ修業スベシ

第八　弱能ク強ニ勝ノ理

凡ソ柔道ヲ修業スル者ハ如何ナル剛强ノ人ニ對スル共必ズ危ミ畏ル可カラズ亦柔弱ノ人ニ向フテモ決ソ輕シメ慢ル可カラズ常ニ修練爲ヌ處ノ藝術ヲ以テ敵ノ力ニ逆ラハズ例ヘバ波上ノ浮木ノ如キ

身ヲ以テ之ヲ制スル時ハ如何ナル剛強ノ人ニ對スル共勝利有者ナリ例ヘバ大船ヲ水上ニ浮ブレバ一人ノ力ニテ能ク之ヲ自由ニ進退セシムルガ如キ之レ船ノ水上ニ在ルガ故ナリ若シ此船ヲ陸上ニ置ク時ハ迚モ一兩人ノ力ヲ以テ動カシ得ベキ者ナランヤ弱者ノ强者ニ對スルモ此理ニ齊シク通常ノ働ニテハ勝ツ事能ハザル故ニ宜シク其術ヲ以テ我詐リ示セシ虚ニ敵ノ乘ジタル處ヲ見スマシテ之ヲ打テバ必ズ勝利ヲ得ル者ニメ敵ノ變ニ應ジテ業ヲ行フ事肝要ナリ

第九　形ヲ教ルノ要

我ガ眞楊流ニ於テ教ル形ハ手解ヨリ始リ大尾迄順序ヲ立テ定規ヲ設ケ手合ヲ教ユルト雖モ能ク熟練スルニ至レバ順序ノ定規ヲ要セス實際定規ニ泥マス空々寂々トシテ無我無心ヨリ出ルヲ善トス其教タルヤ先ツ四角ナル者ヲ而次第ニ丸ク實ニ珠玉ノ如クニナスノ意ナリ始メ順序ヲ立定規ヲ設ケテ教フレ共之ヲ學フ者切瑳琢磨ノ

功ヲ積極意ノ處ニ達スレハ其技藝自ヅカラ心ニ凝滞セズシテ神速ナル故竟ニ團々タル珠玉ノ如ク始メモナク終リモ無ク廻轉變化シテ極マラス機ニ臨ミ變ニ應ジテ能ク不思儀ノ働キヲ爲スヲ得ベシ尤モ心ハ沈靜ナラザレハ勝利ヲ得ベカラス心靜ニシテ淀マス固マラス氣滿チ体烈シク而シテ能ク活動自在ノ妙處ニ達スレハ如何ナル剛强ノ者ト雖モ是ヲ制シ得ベカラザル事ナシ此ノ處宜シク工夫セザルベカラス

第拾　氣ト躰トノ說

氣ト体トノ中ニ陰陽アリ則チ躰中ニ存スル氣ノ起リヲ陽ト云亦其靜マルヲ陰ト曰フ當流ニ於テ專ラ氣ノ扱ヒ方ヲ教ヘテ業ヲ成サシムルト雖モ之レ無形物ニシテ別テ外面ニ露出シタル者ニ非ス唯躰中ニ滿チ存スル處ノ陰陽ナレハ随テ弛ミ撓ミテ全カラザル事アリ平常安坐成シタル處ノ心氣ハ漫滿トシテ所謂愼靜無事ノ姿ナレ共

動作ヲ始メ身体手足ヲ運用爲スニ至レバ其業ニ從テ中心傾キ終ニ平生ノ氣ヲ損スル者ナリ故ニ昔日當流ニ於テ秘傳爲シタル處必ズ先ツ己ガ方寸ノ元氣ヲ養ヒ弛ミ怠ラシメス事物ニ心氣ヲ停ムル事ナク宜ク萬業ノ基本タル處ヲ堅固ニ保チ守ラシムルヲ要トス基本既ニ定ツテ業ヲ成セハ如何程働キ動クトモ元氣能ク決シテ缺損スルヿナク左リニ力ヲ用ルモ右ノ空シキ事ナリ亦右ヲ働スモ左弛マス前后上下ニ隙ナクシテ起居動靜共ニ其氣ヲ損スル無キニ至レバ眞ニ大丈夫ト言フ可キナリ

第十一　志ト氣ト力トノ區別

志氣力ノ此ノ三ツハ區別シテ論スルヿ甚ダ難シ然レモ今試ニ之ヲ分ケテ云ヘバ眼前ニ或一物在リ此ヲ取ラントスル志ノ起ルニ從フテ手ノ前ヘ出ツルハ何ヅヤ是レ志ニ從テ氣ノ手ニ通フガ故ニシテ其ノ物ヲ取リ扱フハ即チ氣ニ從フテ力ノ手ニ集ルニ由ルナリ亦力

ノ出ヅル處ニハ氣集リ氣ノ通フ處ニハ力集ル事ハ一定ノ理ニシテ氣力不二トナルモノナリ然レモ此ニ區別シテ論スル者ハ力ヲ先立テ業ヲ爲セバ其害甚ダ多シ是ヲ以テ力ヲ捨テ唯氣ノ扱ヲ熟練セシメンガ爲ナリトス故ニ業ノ熟達スルニ至レハ人々固有ノ力ハ其業ニ應ジ働キニ從フテ出ル事ハ固ヨリ敎ヲ待タズシテ明カナリ是レ志氣力合一不二ノ妙處ナリ

第十二　氣ヲ滿ル事

氣ヲ滿ツルト云フハ前ニモ論ゼシ如ク常ニ氣ノ弛ミ撓ム事無ク張弓ノ如クニシテ中心正シク坐スル所ヲ氣ノ滿ツルト云フナリ譬ヘバ千手觀音ノ如シ觀音ハ蓋シ心一ナリト雖モ能ク其心ノ千手ニ行キ渡リタルガ故ニ皆一同ニ動キ働クヲ得ルナルベシ若シ心ガ一方ニ偏倚ル時ハ必ス動ク手ト動カヌ手ト有ニ至ル動カサルニ於テハ幾本在モ用ヲナサス是ニテハ氣ノ滿ツルトハ云可カラス故ニ頭ヨ

リ手足ノ先ニ至ル迄能ク氣ノ行キ渡リテ一點ノ隙間ナク平生充分ニ正シク安坐スル處ノ有樣ヲ以テ氣ノ滿ツルト云フナリ

第十三　位ノ意味

位ヒトハ波上ニ漂フ浮木ノ心持ナニテ在ル處ヲ云ナリ則チ浮木ハ卷キ上ル波ニハ之ニ從テウキ上リ亦落チ下ル浪ニモ此レニ從テ沈ミ落チ西ニ流レ東ニ漂フテ少シモ水ニ逆ヲフ事ナシ柔術ノ業モ亦此ノ如ク決シテ敵ノ氣力ノ烈シキ處ニ逆ラハス之ニ隨ヒ應シテ其氣力ノ衰ヘ屈スルヲ察シ而シテ自然ニ勝利ヲ得ル事ヲ眞ノ位ヒト云ナリ

第十四　不動心之說

不動心トハ即チ如何ナル事ノ變ニモ心ノ動カザルヲ云フナリ心正明ニシテ總身ニ氣滿チ渡リ眼ニ白刄ヲ見テモ心ニハ見ザルガ如ク亦耳ニ大砲ノ音ヲ聞テモ心ニハ聞カザルガ如ク凡テ物每ニ驚キ動カ

ザル心ヲ大丈夫ノ不動心ト云フ此ノ如キ心膽ヲ以テ我ガ身躰ヲ働カシ千變萬化ノ術ヲ行ヒ大敵ニ出遇トモ少シモ驚キ懼ル、事ナキヲ即チ眞ノ不動心ト云フ故ニ往時ハ生レナガラニメ自然大砲ノ響或ハ太刀音ヲ聞キ劒撃ヲ以テ勝負ヲ爭フ事ノ常ナレバ順ツテ心膽ノ修練モ出來得タルナルベシ最モ其頃ニテモ腹中ノ修練ノ爲メ野ニ伏シ山ニ入リ亦ハ人跡絶タル處ヘ行テ凡テ心中ノ動セザル事ヲ專一ニ修業爲シタル者故眞ニ不動心ノ位ニモ至リシ成ルベシ併シ當世ノ修業者ト云ハ多クハ手足ニノミ藝在テ腹中ニハ術ナキガ如シ依テ此ノ處ヲ能ク熟考シ不動心ニ至ルノ工夫專一ニ修業スヘシ

第十五　無我無心ノ説

凡ソ見ル處ノモノヲ直ニ相手取氣ニ成リ形チヲ造ルハ其處ヘ心ヲ留ルモノニシテ此レハ我ガ心ニ好ミ求ル處有ガ故ナリ亦順ツテ敵アルナリ例ヘバ敵ハ何程取掛ラントスル勢ヲ顯シ示スト雖モ我ハ

只眠リタルカ如ク敢テ好マズ能ク心ヲ正明ニ成シ泰然安座シタル處ノ如キヲ以テ則チ無我無心トハ云ナリ此ノ無我無心ノ所ヨリ出テ敵ニ應ジテ業ヲ行フ事ヲ肝要スルナリ宜シク考ヘテ修業ス可シ

右第一ヨリ第拾五迄ハ先師ノ口傳ヲ其マヽ茲ニ記述ナシタル者ナリ

一圖

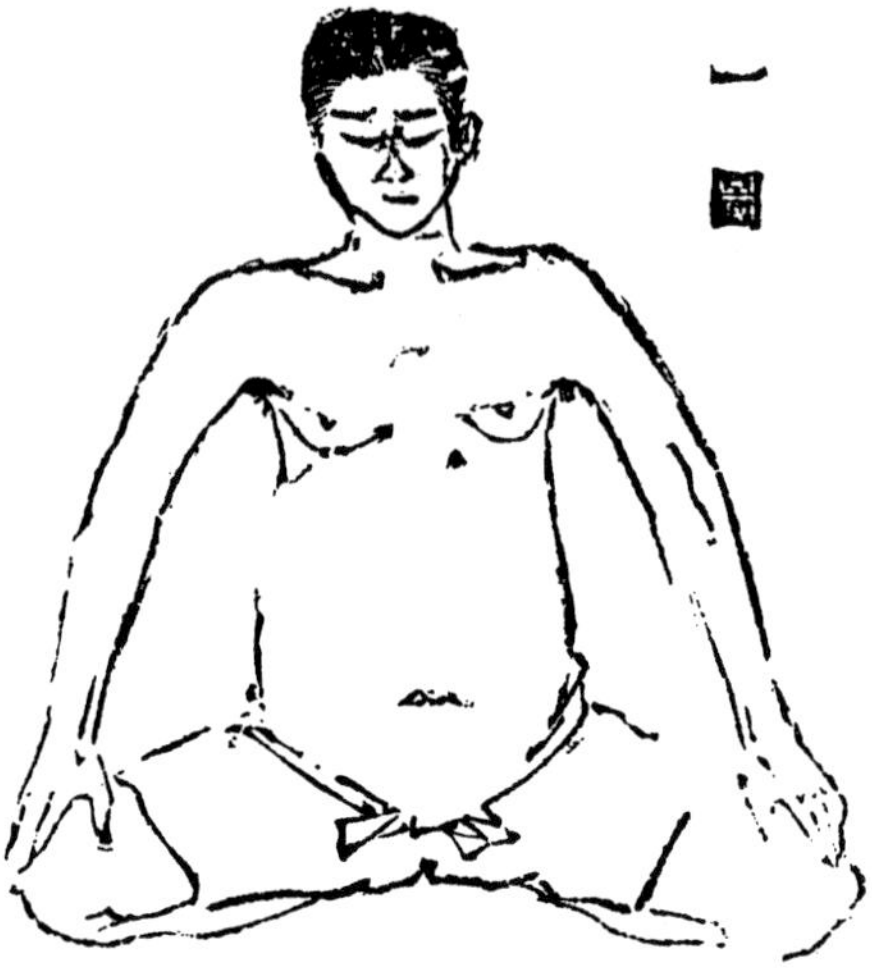

凡ソ柔術手合ノ形ヲ稽古ナスニハ先ツ体ノ中心ヲ正シクセザルベカラズ中心崩ル時ハ身体弱ク業モ自カラ速ナラザルモノナリ故ニ畫ヲ以テ茲ニ体ノ搆ヘ方ヲ些カ示ス

平座ノ形チハ一圖ノ如ク膝ヲ左右ニ開キテ体ヲ眞直ニ伸シ兩肩ヲ下テ臍下ニ氣息ヲ滿シムル樣ニ成スベシ

二圖

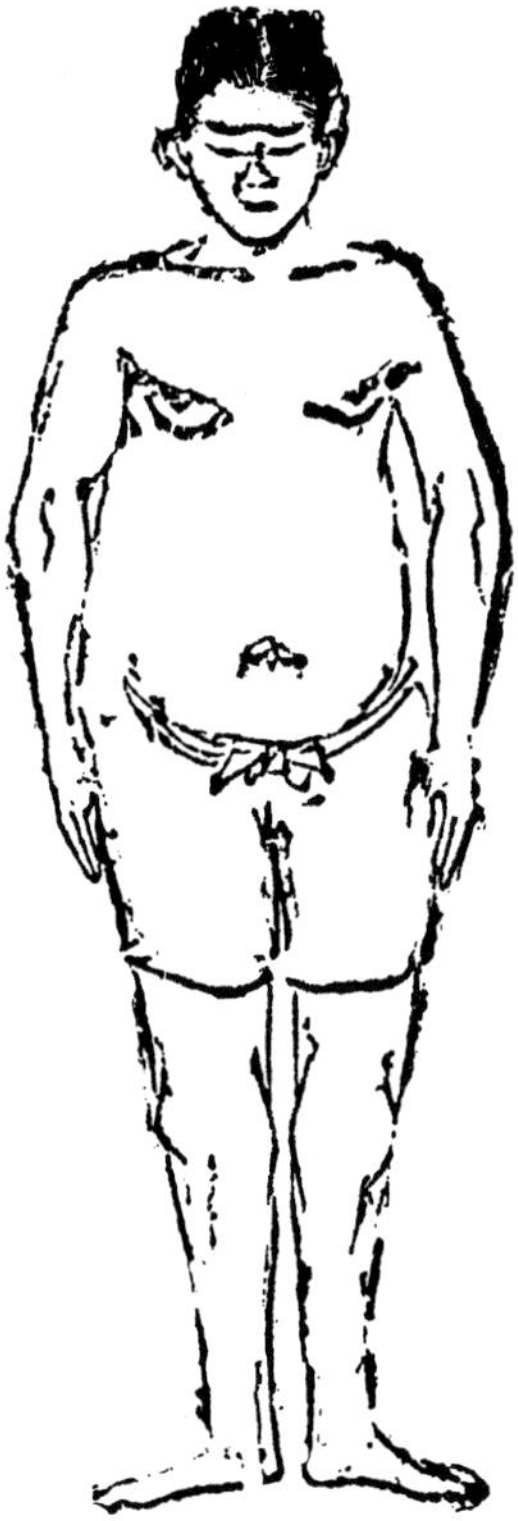

直立ヲ成シタル際ノ形ハ二圖ノ如ク少シモ身体ヲ傾クベカラズ中心崩ルヽ時ハ自カラ臍下ノ氣息拔ケテ倒レヤスキモノナリ

三圖

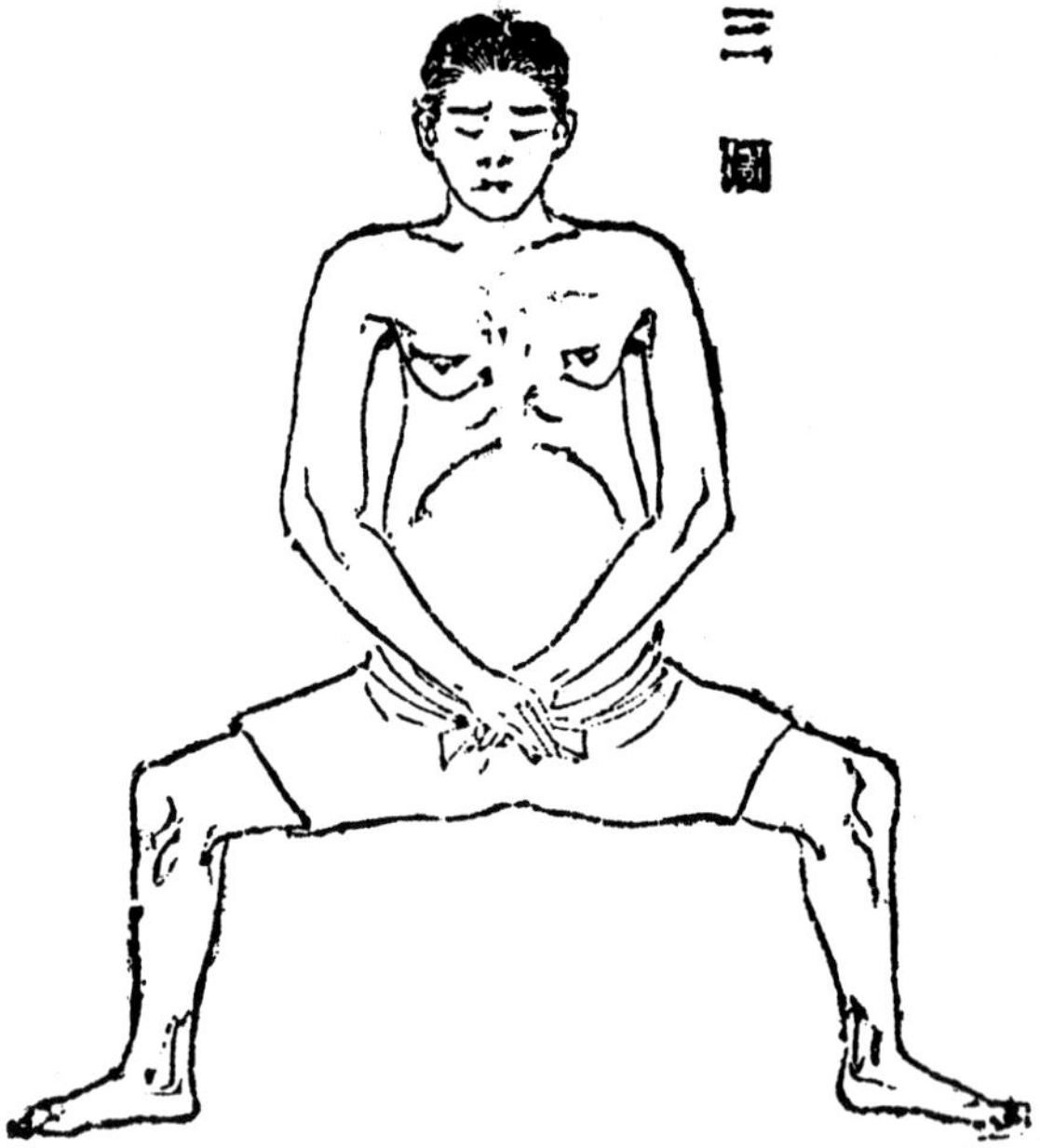

一文字ノ形チハ三圖ノ如ク左右ヘ足ヲ開キテ爪先ニ力ヲ入テ腰ヲ下ゲ体ヲ眞直ニ成シ腹中ヘ充分ニ氣息ヲ滿シムベシ

四圖

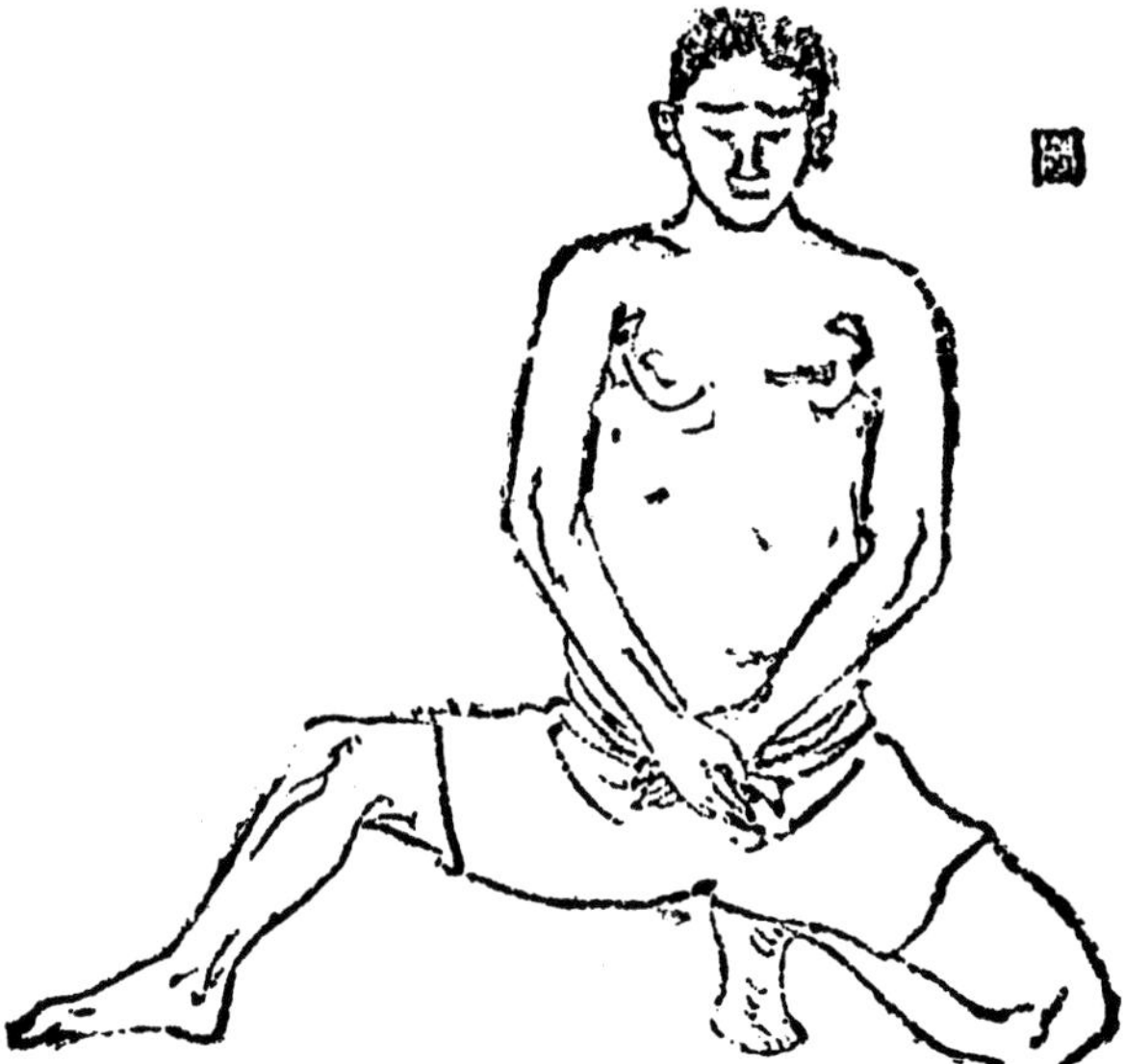

平ノ一文字ハ四圖ノ如ク片膝ヲツキ片足蹈開テ爪先ヘ力ヲ入レ此間凡ソ三尺余トシ身体眞直ニ腰ヲ輕ク踵ノ上ヘ付ベシ

五口

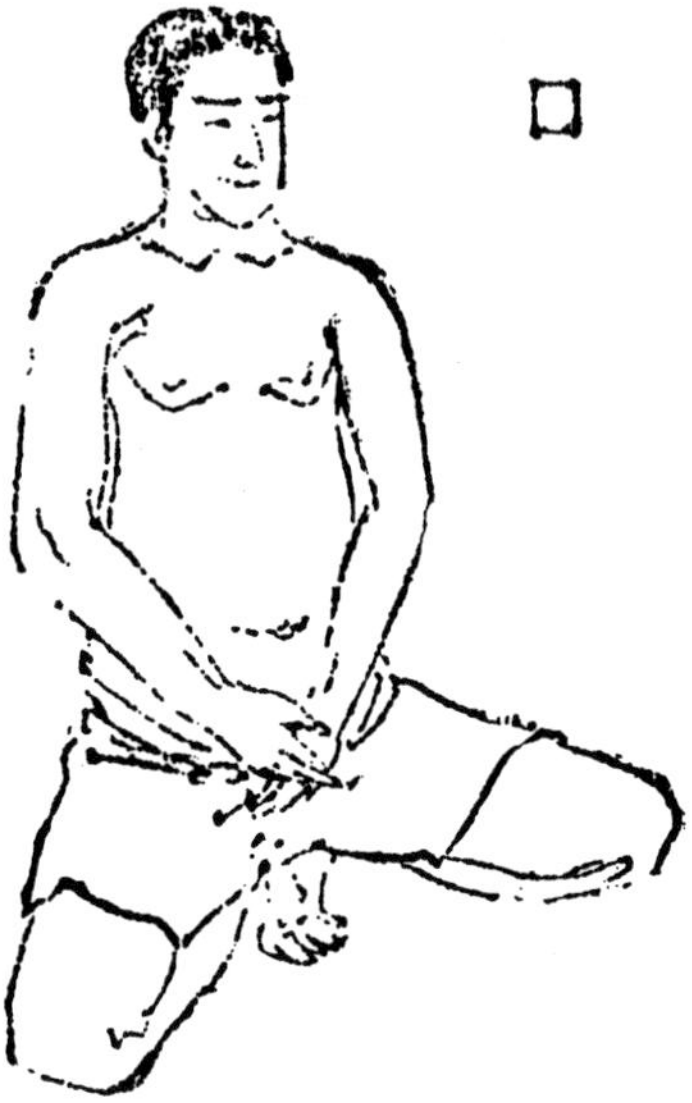

平ノ構ヘ方ハ五圖ノ如ク左右ノ爪先ヲ立揃テ片膝ハツキ片膝ハ少シ上テ横ニ開キ合手ノ眼目ヲ見込テ兩肩ヲサゲ腹中ニ氣息ヲ滿タシムベシ總テ身体ハ眞直ニ成テ下腹ノ内ガ自然ト張様ニナルヲヨシトス

眞心流
眞之神道流

合流

天神眞楊流柔術

手解

一 鬼拳《オニコブシ》

鬼拳一

此手合ノ形ハ先ヅ双方ノ間五六寸計リ隔テ對座ナシ左右ノ手ヲ膝ノ上ニ置受身ノ者ハ左右ノ手ニテ捕身ノ左ノ手首ヲナシカト

鬼拳二

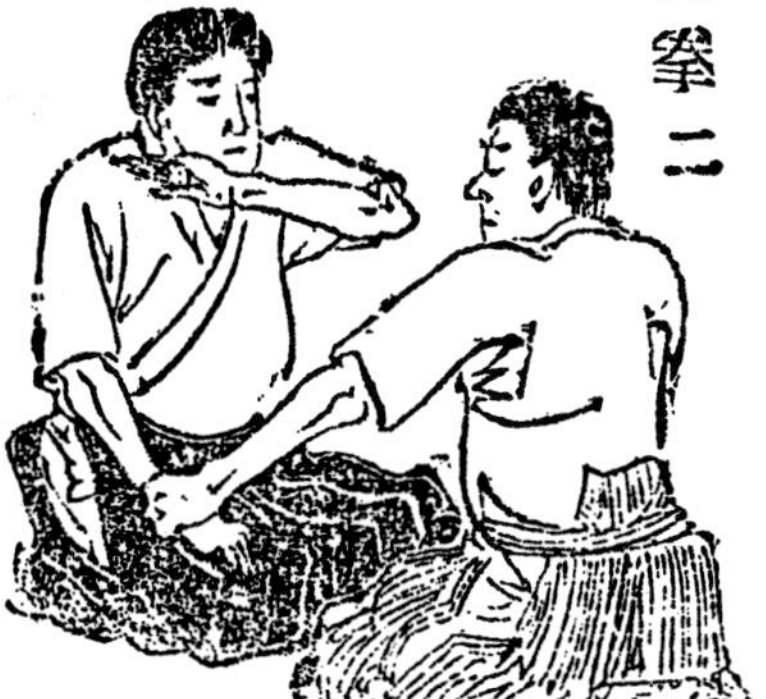

摑ムナリ（一圖參照）捕身ノ方ハ右手ノ指ヲ延揃ヘ腕ニ强ク力ヲ入レヌ様ニシテ臂ヲ受身ノ目先キヘ張出シ乍ラ伸シ居ル指先ヲ我左リノ肩口ノ處ヘ付ケテ平三角形ヲナセバ捕ヘヲレタル手ハ自然ト放レルナリ（二圖參照）（但シ是ヨリ次ノ振解ノ形ニツヾク）

一 振解《フリホドキ》

振解一

此手合ノ形ハ前ノ鬼拳ト續キテ取ルナリ則チ捕身ノ方ハ平三角形ヲ為シタル手ノ平ノ甲端ノ處ニテ受身ノ兩眼ノ間（即チ烏兎）ヘ打チ掛ルナリ此際受身ノ者ハ左

振解二

リ手ノ拇指ヲ下ノ方ヘ向ケ余リノ四指ヲ上ノ方ヘ向ケテ開キ掌ノ處ニテ受留メ(一圖參照)直ニ手首ヲシカト摑ミ又捕身ノ方ハ摑レタル手ノ指先ヲ伸シタルマヽ急ニ下ノ方ヘ切落スベシ(二圖參照)此時手先ノミ下ラヌ樣臂ト手先ト同樣ニ下スベシ

一 逆手《ギヤクデ》

此手合ノ形ハ前ト全ジ樣ニ膝ノ上ニ手ヲ置テ對座シ受ノ方ハ我左右ノ手先ヲ逆ニ甲ヲ我方ヘ向ケ小指ヲ上ニ成シ拇指ヲ下ヨリ外ノ方ヘ廻シテ左右ノ手首ヲシ

逆手一

逆手二

カト摑ムナリ（一圖參照）捕身ノ方ハ摑マレタル左右ノ手ノ指先ヲ柔ラカニ延揃テ少シ外ヘ開ツ心持ニテ急ニ左右一時ニ手先ヲ充分ニ突キ出スベシ（二圖參照）

一逆指《キヤクユビ》

此手合ノ形モ前ノ如ク相對座爲シ請身ノ者右手ニテ捕身ノ左リノ指先ヲ甲ノ方ヨリ摑ミ內平ノ方ヲ上ニ向ケテ强ク揚ルナリ（圖參照）此時捕身ハ拇指ヲシカト曲テ掌ニ付手腕ノ關節ヲ下タヘ押シ付腹ト臂ト離レヌ樣ニ成スベシ此形モ左右同樣ナリ

一片胸捕《カタムナドリ》

此手合ノ形ハ請身ノ者ハ左手ニテ捕身ノ左右

逆指

ノ前襟ヲ一ツニ摑ミ右手ニテ頭ヲ打タント爲スナリ（一圖参照）此際捕身ノ方ハ右手ヲ伸シ拇指ノ掌ヲ咽喉ノ中ノ少シ凹ミタル處ヘ掛ケ右膝ヲツキタルマヽツマ先ヲ立テ左足ヲ後ヘ大キク踏ミ開キ膝頭ガ前ヘ伏サヌ樣ニシテ腰

片逆捕一

片胸捕二

ヲ揚ゲ右手ニテ我ガ左リノ前ノ襟ヲ持チ充分ニ右手ヲ張リ躰ヲ眞スグニ伸シテ左リノ前ノ臂ヲ張リ乍ラ襟ヲ肩ノ方ヘ引キ放スナリ（二圖參照）

一兩胸捕　リヤウムナドリ

此手合ノ形ハ前ノ如ク相對座シテ請身ノ者ヨリ左右ノ手ニテ胸グラヲ壓ルナリ捕身ノ方ハ先ヅ右ノ手ガ上ナル時ハ左手ノ指先ヲ延揃ヘ臂ト指先ト平ラカニ爲シ其中程ノ甲端ノ方ヲ尺澤ヘ掛ケテ（但シ尺澤トハ手首ノ曲リメヨリ拇指ノ通リヲ一寸五分程離レタル處ヲ云フ）强ク押付テ手先ヲ左手ノ下ヘ入レ右手ニテ我左リノ指先ヲ下ヨリ摑ミ左ノ臂ヲ下ゲ乍ラ右手ニテ我手

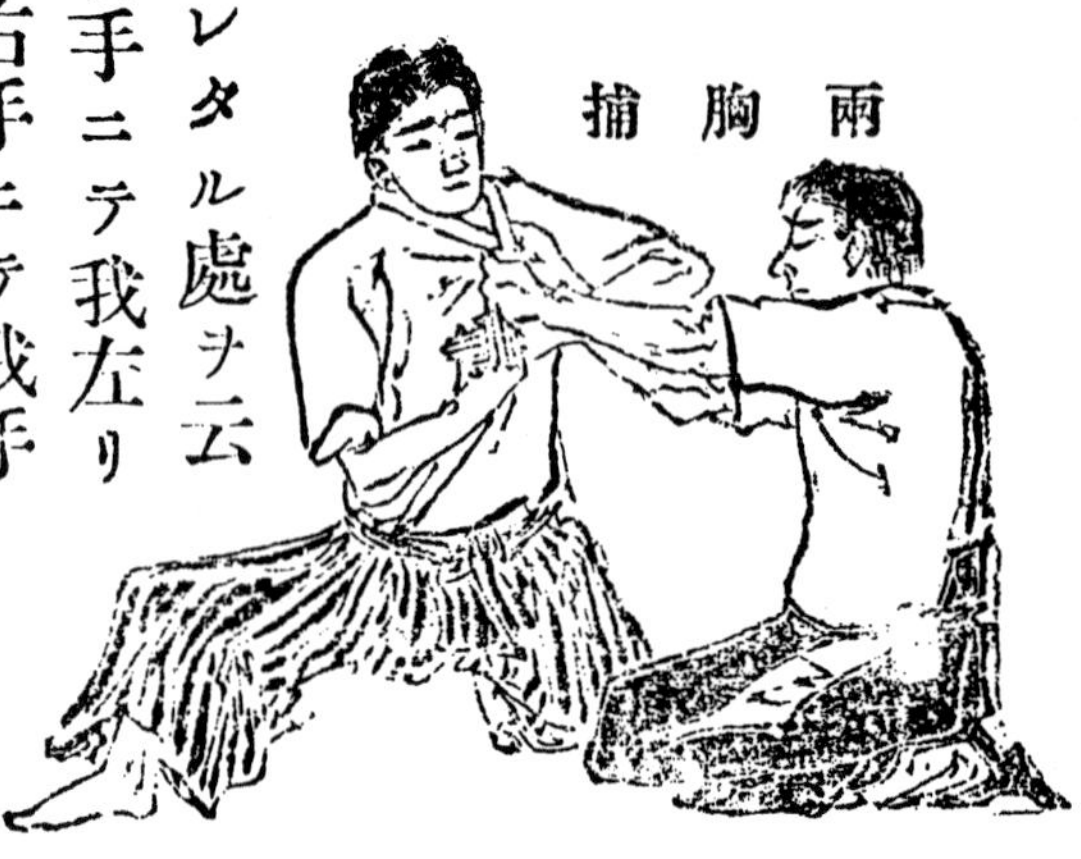
兩胸捕

先ヲ押シ上ゲルナリ(二圖參照)此際受ハ左手ヲ放スベシ又捕ハ直グニ右手ノ指ヲ延シ甲端ニナシテ手首ノ曲リメヨリ少シ元ノ處ヲ尺澤ヘ掛ケ右膝ハ突キタル儘ツマヲ立左足ヲ後ヘ大キク踏ミ開キ左手ニテ我左リ襟ヲ持チ体ヲ眞スグニシテ襟ヲ引キ上ゲ乍ラ右手ノ指先ノ下ラヌ樣押落スナリ

一 小手返《コテガイシ》

此手合ノ形ハ前ノ如ク相對坐シ此度ハ捕身ノ方ヨリ左手ノ拇指ノ平ヲ受ノ右手ノ甲ヘ掛ケ四指ヲ拇指ノ方ヨリ掌ノ方ヘ掛ケテ柔ヲカニ受ノ手ノ指先ヲ上ニ向ケテ面ト等分ニ上ゲ又右手モ同樣ニ拇指ヲ左ノ拇指ト重ネテ四指ヲ掌ヘ掛ケ

小手返 一

両手捕

（一圖參照）作ヲ左ノ膝ヲ少シク横ヘ開キ右足ヲ受ノ右脇ハ踏ミ出シ受ノ手首ヲ大キク廻ス心持ニテ我左ノ膝ノ際ヘ受身ノ掌ヲ押シ付ケ体ヲ倒スナリ（二圖參照）此形モ左右共同様ニ捕ルベシ

一両手捕《リヤウテドリ》

此手合ノ形ノ捕様ハ前ノ如ク對坐シテ受身ノ者ハ右ノ手ヲ先キニ左ノ手ヲ次ニ爲シ捕身ノ右ノ手首ヲシカト捕ヘ左ノ腰ノ方ヘ引キ付ル

小手返二

ナリ此時捕身ノ者ハ受身ノ者ノ引ク力ニ先立チテ指先ヲ延シ急ニ突出シ又急ニ引寄セ小手先ヲ受ノ手首ノ上ニ爲シ(圖參照)又腰ノ邊迄突キ出スベシ此形モ左右同樣ナリ

一氣捕　ヤドリ

此手合ノ形ハ前ト同ジク對坐シテ左右ノ手ヲ膝上ニ置捕身ノ方ハ右足ヲ前ヘ立テ乍ラ右手ノ指ヲ柔カニ押ヘ甲ノ方ニテ受身ノ膻中(但シ膻中トハ胸部ノ中程ヲ云フ)ヲ當ルト同時ニ左手ニテ右ノ膝頭ヲハ子上テ倒シ直ニ左右ノ手ニテ我陰嚢ヲ圍フミン(圖參照)

氣捕

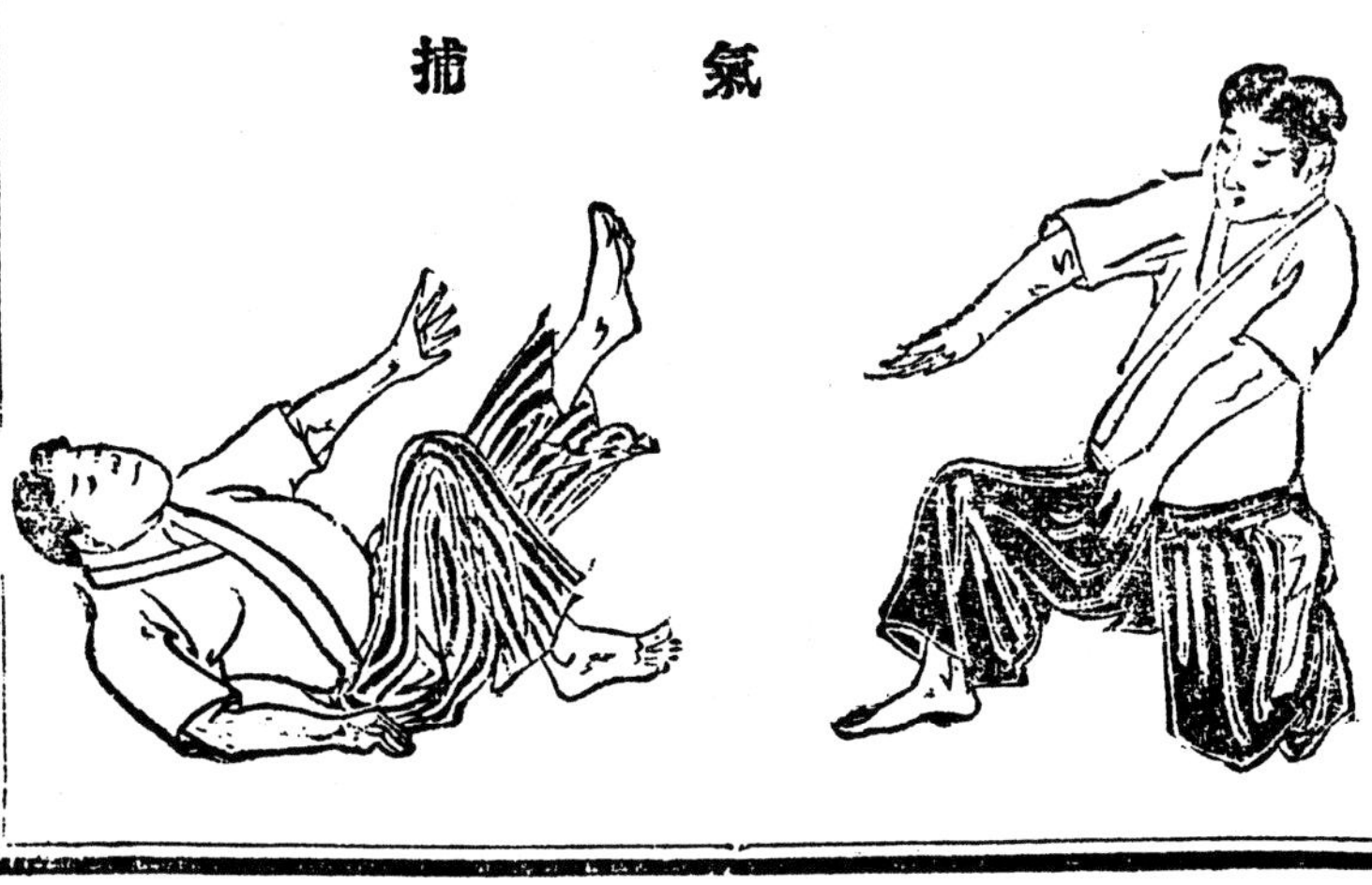

一天倒《テントウ》

此手合ノ捕様ハ請身ノ者ハ右手ヲ伸シテ捕身ノ後ヘ廻シ左手ヲ前ニ爲シシカト抱ヘルナリ捕身ノ方ハ我全身ヲ柔ヲカニ伸上リ右足ヲ後ヘ踏ミ開キ乍ヲ左手ノ平ヲ請身ノ背ニ掛ケ右腕ノ肘ヨリ上ノ方ヘヌキ出シ拳ヲ天倒（天倒トハ小兒ノヒヨムキト云フ處也）ヘ當テ圖ノ如シ强ク向ヘツキ倒スナリ

天倒

一扱捕《モギトリ》

此手合ノ形ハ請身ノ者ハ左手ニ小太刀ヲ携ヘテ座シ右手ニテ拔キ頭ヘ切付ルナリ此際捕身ノ方ハ左手ヲ開キテ甲ノ方ヲ頭ヘ附

少シ頸ヲ前ヘ出シテ手ノ内平ノ方ニテ切付ル手首ノ處ヲ受止メテシカト握リ(一圖參照)次ニ右足ヲ前ヘ踏ミ立テ乍ラ右手ノ拇指ヲ甲ノ方ヘ掛ケ四指ヲ内ノ方ヘ掛ケテシカト摑ミ右足ヲ後ヘ大ク踏開キ乍ラ手ヲ下ヘ丸ク船底ナリニ右足ノ爪先迄引付此際請ハ前ヘ伏スベシ又捕ハ左手ニテシカト手首ヲ下ヘ押付ケ右手ノ大指ニテ甲ヲ押シ小太刀ヲ扱ギ取ルナリ(二圖參照)

扱取 一

扱取 二

一打手《ウチデ》

此手合ノ形モ請身ノ方ヨリ右ノ拳ニテ頭ヲ打ツナリ捕身ノ方ハ左手ノ指ヲ延揃テ甲ノ方ヲ頭ヘ付少シ肘ヲ上ゲ頭ヲ前ヘ進メテ受留メ(一圖參照)直チニ手首ヲ握リ右足ヲ受身ノ右脇ヘ踏ミ出スト同時ニ右手ノ指ヲ伸シ甲端ノ方

打手一

打手二

ヲ腕ノ附根ト肘ノ中程ヘ掛ケテ（二圖參照）我左ノ方ヘ大ク廻ス樣ニメ倒シ其マヽ受ノ手ノ小指ノ方ヲ上ニメシカト押ヘルナリ

是迄ノ手解拾貳手ハ强テ掛聲ヲ要セザリシモ初段眞ノ位ノ形ヨリ後ハ必ズ掛聲ヲ發スベシ尤モ懸聲ハ其流儀ノ掟ニ因テ種々異ナルト雖モ先本流ニ於テハ常ニ發聲ノ調子ニ順テ業ヲナシ或ハ業ノ調子ニ順テ聲ヲ發スル事アリ而シテ此發聲ノ度數ニ附テハ別段定規ナシト雖モ之ヲ亂リニ力ヲ入レ或ハ氣拔ケノ如キ聲ヲ發スル事甚ダ宜シカラズ爲ニ却テ業ニ不熟ヲ來ス者ナリ故ニ請身ノ方ハ初學者ナシテ其業ノ調子ヲ速カナラシメンカ爲メニ發聲ノ度數自然ニ多ク又捕身ノ者ニ在テハ始メ中終リト三度位聲ヲ掛ケルヲ度ト爲スベシ而シテ此始メテ發スル所ノ聲ハ未ダ何事ニモトリ懸ルノ意少シモ無ク志氣力共ニ能ク鎭ミタル前心ノ音調ナリ次ニ發スル所ノ聲ハ業ヲ成スノ調子ニ順テ全身ニ滿タル氣ノ勢ヒ自然ニ發スル

通心ノ音調ナリ既ニ擧動ノ終臨テ發スル聲ハ心ヲ靜ニシテ能ク位ヲトリ全身柔ラカク充分ニ滿渡リタル氣少シモ拔ケル所無キ殘心ノ音調ナリ此ノ如ク前心通心殘心ト區別シテ聲ヲ發スルニ至テハ業モ自カラ柔ラカニシテ速カナル者ナリ昔日本流ニ於テ序皮急ヲ三ケノ傳ト唱ヘ又足ヲ別テ九ケノ傳トナシタルモ皆前ニ伸タル調子ノ場合ト異ナラズ故ニ發音ノ度數調子ニハ尤モ心ヲ用ユベキ者ナリ

初段　居捕

一眞之位《シンノクライ》

此手合ノ形ハ相方互ニ六尺程離レテ對坐シ禮ヲ成シ捕身ノ方ハ兩足ヲツマ立右膝《シザ》ヲツキ左膝《シザ》ハツマ先ヲ揃ヘタルマヽニテ少シ上テ開キ構ヘルナリ(一圖參照)此時受身ノ者ヨリ懸聲ヲ爲シ次ニ捕身ノ者モ聲ヲ懸ケルナリ而シテ我躰ノ中心ノ崩レヌ樣充分

ニ意ヲ用ヒテ眞直ニ立上リ左ノ前へ筋違ニ二尺五寸程左足ヲ踏出シ体ノカガマヌ様ニシテ少シク膝ヲ張リテ腰ヲ下ゲ請身ノ右ノ膝先八寸計リ離レタル所へ右足ヲ踏出シ而シテ右手ノ指先ヲ揃テ伸シ我右腰ノ邊ヨリ請身ノ兩眼ヲ目掛指先ニテ我陰嚢ノ邊迄丸ク大キク拂フベシ是ヲ霞ト云フ是ニテ少シ請身ノヒルム處ヲ見テ左右ノ手ノ指ヲ揃へ伸シ左リ手ノ小指ノ方ヲ請身ノ咽喉へ當テ右手モ之ニ添テ同時ニ左足ヲ請ノ右ノ後へ踏込ナガラ膝ヲツキ其時ノ我体ノ勢ヒニ

眞之位一

テ請ノ体ヲ向フノ隅ノ方ヘ倒シ左手ノ小指ヲ下ニ爲シ拇指ヲ上ニシ請ノ左襟ヲ余リ強ク力ヲ入レヌ樣指先丈少シ懸テ握リ右手ニテ請身ノ右ノ臂ノ邊ヲ輕ク指ヲ伸ソ持右足ハ左ノ膝頭ト三尺五六寸計リ離レタル横ノ方ヘ膝ノ前ヘ伏サヌ樣ニ開キテ爪先ヲシカト踏シメ面ハ右ノ爪先ノ方ヲ向左膝ハ右足ノ爪先ヨリ三尺五六寸離レテ請ノ右ノ耳ノ際ヘ突キ体ノ中心ヲ失ハザル樣臍下ノ氣ヲ滿テ充分ニ位ヲトルベシ（二圖參照）此時受身ノアイズニ由テ直ニ左右ノ手ヲ放シ我

眞之位二

陰嚢ヲ圍ヒ請ノ擧動ニ心ヲ付ベシ(之レヲ殘心ト云フ)此形ノ基本ハ始メヨリ終リ迄實ニ能ク位ヲ取ルヲ以テ眞ノ位ト名ル者ナリ

一添　捕　ソイドリ

此手合ノ形ハ受身ノ右脇へ七八寸離レテ坐シ受ヨリ聲ヲ懸次ニ捕身ノ方モ聲ヲ懸テ右ノ膝ヲ少シ左リへ寄左右ノ足ヲ爪立右ノ膝ハ突キタルマヽ腰ヲ上ゲテ請身ノ後へ左足ヲ踏出シ請身ノ右襟ヲ肩ヨリ七八寸下リ右手ニテ持輕ク左へ送リ左手ノ拇指ヲ下ニシ小指ヲ上ニシ受身ノ後リヨリ左リノ頸ノ處へ出シ右ヨリ送リタル襟ヲ持右手ハ受身ノ体ヨリ離

添捕　一

レヌ様ニシテ右ノ肩先ヨリ手首迄指ヲ伸シテナデ下ケテ握リ（一圖參照）同時ニ腰ヲ下ゲ右腕ヲ充分ニ上ヘ揚ゲテ受身ノ脇ノ下ヘ我頭ヲ付腕ヲ巻付ル様ニシテ我手ト受身ノ手トヲ受身ノ腹ノ處ヘ押ツケ其マヽ其ヘ横ニ躰少シ右ノ腕ニテハヲル心持ニシテ受身ノ体ニ我体ヲ添タルマヽ一轉スレバ受身ノ体ハ向フヘナガル也此時ニ受身ヲ起サヌ様我体ノミ起キテ頭ヲ揚ゲ左膝ヲ受身ノ右ノ耳脇ノ處ヘ突右足ハ左ノ膝頭ヨリ右ヘ三尺五六寸離レテ横ヘ一文字ニ開キ爪先ヲシ

添袖二

カト踏付襟ヲ持タル手ハ左後ノ方ヘ引様ニシ右手首ハ我右ノ乳ノ邊ヘ少シ離シテ持居リ臂ヲ張リ肩ヲ下ゲ面ヲ右ノ爪先ヘ向ケ氣ヲ臍下ニ納メテ左右共引分シメルナリ（一圖參照）此形ハ始メヨリ終迄我体ヲ受身ノ体ニ添タルマ、捕故即チ添捕ト云フ又終ニハ請身ノ相圖ヲ聞テ放シ敵ニ眼目ヲ附殘心爲ス事前ト同様ナリ

一御前捕《ゴゼンドリ》

此手合ノ形ハ請身ノ右脇ヘ七八寸離レテ坐シ受身ノ者聲ヲ掛次ニ捕身ノ者聲ヲ懸先右手ノ平ニテ受身ノ右ノ手先ヲ輕クオサヘナガラ右足ヲ受身ノ左ノ膝先八寸程離レタル處ヘ踏ミ出シ左手ノ拇指ヲ受身ノ左手ノ甲ヘ付余ノ四指ヲ内平ノ方ヘ掛ケルト同時ニ左足ヲ右足ト揃テ立時右手ヲ放シ左手ノ方ヲ前ト同様ニ掛ルナリ此ノ手ノ持様ハ始メ左リノ拇指ヲ甲ノ方ヘ付余ノ四指ヲ

小指ノ方ヨリ内平ヘ掛我手首ヲ内ノ方ヘ曲ゲテ甲ノ方ヲ下ヘ向樣ニシテ腕ヲ向ヘ伸セバ受身ノ腕ハ逆ニナリ躰ハ自然ト前ヘ伏ス樣ニナルナリ此時又右手ヲ同ジ樣ニ掛ケテ兩足ヲ揃テ躰ヲ眞直ニ爲シ手ハ少シモ引ク心持無ク前ヘ伸ベ樣ニスレバ受身ノ腕ハ自然ト逆ニナル故体ハ充分ニ前ヘ伏ルナリ(二圖參照)此時左足ヲ輕ク柔ラカニナシ受身ノ脇腹ヲ輕ク爪先ニテ蹴其マヽ下ヘ蹈立ズニ直ニ左ノ後ノ方ヘ斜ニ引テ膝ヲ付左右ノ手ハ少シモ引ク心持

(二)前捕一

無ク体ト共ニ右足ヲ我在リノ膝頭ヨリ二尺余離レタル横ヘ一文字ニ開キテ膝ノ前ヘ伏サヌ様爪先ニ力ヲ入レ面ヲ右ヘ向左右ノ手ハ終リ迄少シモ引ク心持無クシテ拇指ニ力ヲ入レヌ様小指ノ方ヲ引クトモナク押ストモナク丸ク自然ト操込ム様ノ心持ニ為スベシ（二圖參照）而シテ受身ノ相圖ヲ聞カバスグ左右ノ手ヲ放チ陰嚢ヲ圍ヒ受身ノ方ヲ見殘心ナスベシ此形ハ君公ノ御前ニ於テ人ヲ捕ヘルト云フ心ニテ則チ御前捕ト号クル者ナリ

一　袖車《ソデグルマ》

御前捕二

此手合ノ形ハ始メハ貝之位ノ時ト同様ニ六尺程離レテ左右ノ足ヲ爪立左膝ヲ少シ上ゲ開テ揃ヘ請身ノ者ヨリ聲ヲ掛次ニ捕身ノ方聲ヲ掛テ左ヨリ右ト二タ足進ミ爪先ヲ成丈ケ左右ヘ開テ踏右手ノ指先ヲ揃延シ請身ノ右ノ肩先ヘ輕ク掛ケ左足ヲ後ヘ踏込此右足ト同時ニ左手ノ甲ノ方ヲ上ニシテ拇指ヲ受身ノ左襟ノ内ノ方ニシ肩ヨリ七八寸下リテ余リ強ク握リツメヌ様ニ指先ヲサゲテ柔ラカニ持咽喉ヘ巻付様ニ右ヘ寄セ又右手ニテ左リノ肩先即チ衣ノ袖ノ附ギワヲ強ク握リツメヌ様ニ左手ト同様ニ

袖車一

指先ヲ曲ゲテ柔ヲカニ持襟首ノ方ヘ引寄テ此左右ノ手ハ甲ノ方ヲ上ニシテ小指ノ方ヲ首筋ヘ付衣ノ襟ト肩先ノ袖ノ附際トヲユルミノ無キ様ニジカト首筋ヘ巻付腕ヲ伸シテ少シモ前ヘ引キ寄セル心持無ク我体ヲ眞直ニ立(一圖參照)左足ノ膝ヲ充分ニ後ノ方ヘ下リテ突キ右足ヲ横ヘ一文字ニ開キ面ヲ右ヘ向左右ノ手ハ前ヘ引付ヌ様ニ小指ノ方ヨリ柔ヲカニシメルナリ(二圖參照)之ニテ受身ノ方相圖ヲナサバ手ヲ放シ前ノ形ト同ジ様ニ殘心ナスベシ此形ハ衣ノ袖ニテ車ノ如

袖車 二

ク左右ヨリ廻シ捕ルト云ノ意ニテ則チ袖車ト号ル者ナリ

一飛違《トビチガヒ》

此手合ノ形ハ中三尺程離レテ對座シ受身ノ者ハ小太刀ヲ左手ニ携ヘ（小太刀長サ一尺六寸ヲ掟トス）受身聲ヲ懸次ニ捕身ノ者聲ヲ懸受身ノ者ハ二タ度聲ヲ發シナガラ腰ヲ揚ゲテ右足ヲ前ヘ踏出シ右手ニテ小太刀ヲ拔頭上ヘ切付ナリ此際捕身ノ者ハ右手ノ指先ヲ揃ヘ臂ヨリ指先迄眞直ニ立テ拇指ノ方ヲ我額ニ付腰ヲ上ゲテ右足ヲ受ノ踏出シタル右足

飛違一

ノ外側ヘ踏込切付ル手ヲ受ル心持無ク只摺違様ニ成シ臂ト指先ノ中程ニテ我体ト共ニ少シ向フヘ押シ(二圖參照)左手ニテ受ノ手首ヲ握リ左膝ノ方ヘ引付右手ノ指ヲ延拇指ノ腹ヲ右耳ノ下即チ獨鈷ニ當テ少シク押ス心持ニ爲シ右足ノ爪先ヲシカト踏シメ膝ニテ受ノ右膝ヲクジキテ上向ニ倒シ右足ノ膝ヲ受ノ右腕ノ付根ノ際ヘ突キ左手ニテ受ノ手首ヲ下ヘ押付左足ヲ立小太刀ヲ摑ミ居ル手ノ平ノ處ヘ足ノ小指ヲ付腰ヲ下ゲテ我体ヲキメテ右ノ

飛違二

拇指ニテ獨鈷ヲ押シナガラ左足ニテ小太刀ヲ踏切リ（一圖參照）左右ノ手ヲ放シ前ノ如ク殘心スベシ此形ハ始メ切付タル時鳥ノ飛違フガ如クニ成シテ捕ル故則チ飛違ト号タル也

一拔刀目附　ヌキミメツケ

此手合ノ形ハ相方六尺程離レテ坐シ受身ノ方ハ左手ニ木太刀ヲ携ベシ（木太刀ノ長サ三尺二寸ヲ掟トス）捕身ノ方ハ小太刀ヲ携ヘベシ而メ先受ヨリ聲ヲ懸次ニ捕身聲ヲ懸ケテ右手ニテ小太刀ノ柄ヲ握リ堅ク握リツメヌ樣ニ和ラカニ輕クスラリト拔キ肩ヨリ切先迄眞直ニ受身ノ左眼ヲ目差シテ腕ヲ伸シ（一圖參照）靜カニ立上リテ左リ右ト三角ニ二タ足受身ノ右ノ膝先ヨリ七八寸離レタル處迄進ミ膝ヲ左右ニ開キテ少シ腰ヲ下ゲ体ノコゴマヌ樣ニ下腹ヲ前ヘ出ス樣ニシテ左右ノ肩ヲ落シテ搆ヘルナリ此際受身ノ者ハ木太刀ニテ拔打ニ膝ノ邊ヲ目掛テ一文字ニ切付ルナリ

捕身ハ此時手首ヲ輕ク小指ガ上ニ成ル樣ニ內ノ方ヘ返シテ小太刀ニテ切付來ル木太刀カハ子返ル樣ニ受テスグニ小手先ヲ輕ク返シテ木太刀ヲ切落シ又元ノ如ク左眼ヘ付ルナリ此際ハ臂ヲ張テ物ヲ打タタク心持ニテハ惡シ腕ヲ延シタルナリ而シテ小手先ヲ輕ク返シテトントニタキザミニキザムグ如クニナスベシ夫ヨリ左足ヲノ受身後ヘ踏込左手ニテ受身ノ左リノ肩ヨリ七八寸下リシ處ノ前襟ヲ左手ノ甲ヲ外ヘ向ケ內平ヲ受身ノ胸ノ方

抜刀口附一

ヘ向ケテ拇指ヲ襟ノ内方エ掛ケ余ノ四指ヲ外ヨリ掛ケ喉ヘ巻付ル如クニ右ノ方ヘ廻シナガラ右足ヲ受身ノ眞後ノ我左足ト揃テ眞直ニ立小太刀ヲ腰ノ邊ヘブラリト提襟ヲ持シ手ハ引カヌ様ニ右足ヲ後ロノ方ヘ充分ニ引テ膝ヲ突次ニ左足ヲ左ノ横ヘ一文字ニ開キ腰ヲ落スト同時ニ受身ノ体ヲ我陰嚢ノ前ヘ引落シ（二圖參照）倒レタル受身ノ左ノ耳ノ際ヘ左膝ヲ突右足ヲ左足ノ開キテ居タル方ヘ我ガ体ヲ向キ替ヲ

抜刀目附二

蹈開キ小太刀ノ先ヲ輕ク肩ヘカツギ左手ノ小指ヨリ順ニ握リテ喉ヲシメ面ヲ右ヘ向ルナリ是ニテ受身相圖ヲ成サバ左手ヲ放シ右ノ臂ヲ少シ張テ小手ヨリ小太刀ノ切先ヲ眞直ニ受身ノ左眼ニ付前ト同ジク殘心スベシ

此形ハ始終刀ヲ眼ニ附テ捕故拔刀目附ト号タルナリ

一鐺返《コジリガヘシ》

此手合ノ形ハ相方ノ間三尺程離レテ座シ受ハ左手ニ木太刀ヲ携ヘ聲ヲ懸次ニ捕身モ聲ヲ懸ルナリ受身ハ腰ヲ揚テ左膝ヲ突キタルマ、右ヲ一足前ヘ

鐺返一

蹈ミ出シ右手ニテ木太刀ヲ中半拔キカケルナリ此時捕身ハ腰ヲ揚ケテ左足ヲ受身ノ左膝ノ際ヘ蹈出シ左手ニテ柄先ヲ上ヨリ下ヘ押ヘテ鐺ノ上ヘ上リタル處ヲ右手ニテ握リ（一圖參照）又右足ヲ左足ノ際ヘ立時押ヘタル柄先ヲ放シスグニ受身ノ左ノ手首ヲ握リ我体ヲ受身ノ体ト同ジ樣ニ向キ替リ左右ノ手ヲ伸シ眞直ニ立上リ左ノ前ノ角ノ方ヘ左足ヲ蹈出シ（二圖參照）又右膝ヲ左足

鐺返二

ノ際ヘ寄テ突キナガラ左右ノ手ニ力ヲ入ズシテ受身ノ体ヲ自然ト我体ノ行ク方ヘ寄セルナリ是ニテ左足ヲ身隅ヘ開キ鐺ニ當テタル手ニテ余リ強ク押サヌ樣ニシ左手ヲ伸シテ受身ノ左手ヲ少シ釣上ル樣ニ爲シ面ヲ左リヘ向自然ト受身ノ腕ガシマル樣ニ我肩ヲ落シテ臍下ノ滿ルコツニ爲スベシ受身シマリシト云フノ相圖ヲナサバ左右ノ手ヲ放シテ前ノ如クニ殘心ナスナリ此形ハ受身ノ携ヘタル太刀ノ鐺ヲ返シテ捕故則チ鐺返ト号タルナリ

一兩手捕《リヤウテドリ》

此手合ノ形ハ相方ノ間八寸バカリ離レ向逢テ坐シ受ヨリ捕ト互ニ聲ヲ懸テ受身ノ者ヨリ捕身ノ左右ノ手首ヲシカト握ルナリ捕身ノ方ハ此際右手ノ指先ヲ揃伸シ臂ヲ受身ノ烏兎ヲ目懸テ張ナガラ伸シタル指先ヲ我左ノ肩先ノ處ヘ向ケ（手解鬼拳ノ如シ）是ト同時ニ腰ヲ上テ右足ヲ受身ノ右膝ノ前ヘ蹈出シ次ニ又右手ニ

テ受ノ衣ノ右肩ノ處ヲ持ツト同時ニ左足ヲ右足ト揃ヘテ立左手モ同時ニ内平ヲ上ニ向ケテ拇指ヲ向ヘ伸ス樣ニシ受ノ右ノ手首ヲ握リテ眞直ニ立而テ右足ヲ輕ク上ゲ爪先ニテ受身ノ右ノ脇腹ヲ蹴（圖參照）テスグニ我左右ノ踵ノ際ヘ右膝ヲ突左足ヲ横一文字ニ開クト共ニ腰ヲ下ゲ其下ゲル拍子ニ連テ受身ノ体ヲ下ヘ押受身ノ右腕ハ小指ヲ上ニシテ拇指ノ方ヲ疊ヘ付テ肩ト臂トノ中程ヘ我右膝ヲ乘セ面ヲ左リヘ向我体ノ前ヘコゴマヌ樣ニ腹ヲ落スベシ受相圖ヲナサバ放シテ殘心スル事

兩手捕

前ノ如シ此形ハ初メ受ヨリ充分ニ兩手ヲ捕ヘタルヲ此方ハ力ヲモ入レズテシ多易クトリ受ヲ押ヘル處ノ形ナ故即チ兩手捕ト号ナリ此形ノ內ニハ何々ト同時ト云フ事別テ多シ此同時ニ爲スト云ハ前ニモ在リ又此後ニモ在レド凡テ同時又何ヲ爲シナガラト云フハ体ノ前后左右手足共ニ少シモ其間合ノ違ハヌ樣ニ働キテ業ヲ爲ス事ニテ間合違フ時ハ受モ其術ニ乘ラズシテ却テ我ガ中心即チ体ノツリ合ガ崩レル者故宜シク意ヲ用ユベキ事ナリ

一壁添《カベゾイ》

此手合ノ形ハ先捕身ノ方ハ壁ヲ後ニシテ坐シ受身ノ者ハ一尺程離レテ左リ膝ヲ突右足ヲ横一文字ニ蹈開キ聲ヲ懸次ニ捕方モ聲ヲ掛夫ヨリ受身ノ者左手ニテ捕身ノ腹帶ヲ下ヨリ握リ又右手ノ指ヲ伸シテ拇指ヲ開キ咽喉ヘ矢筈ノ如クニ掛ケテ押付ルナリ(圖參照)此際捕身ノ方ハ面ヲ左ヘ向ケテ我右ノ肩ガ受ノ右ノ膝頭

ヘック程ニ左リヘ斜ニ我体ノ力ニテ押腰ヲ上テ体ヲ起シナガラ右膝ヲ突キタルマヽ左足ヲ横ヘ一文字ニ開キテ面ヲ受ノ方ヘ向キ左手ノ指ヲ揃ヘ延シ糸ヲ下ケタル様ニ眞スグニ上テ臂ヲ受ノ右腕ノ尺澤ヘ掛ケ我中心ノ崩レヌ様ニ腰ヲ下ゲナガラ臂ニテ受ノ右腕ヲ下ヘ落シ又左手ノ指ヲ延シタルナリ手首ヲ左ヘ曲ゲ内平ノ處ヲ受ノ顎ノ下ヘ掛ケ右手ノ平ヲ頭ヘ掛ケ指先ヘ力ヲ入レズニ右ノ下ノ方ヘ丸ク玉ヲコロガス様ニ投左右ノ手ヲ陰囊ノ

壁添

處ヘアテ、殘心ナスベシ此形ハ始メ終共壁ニ添タル手合故即チ壁添ト云フ

一後　捕　ウシロドリ

此手合ノ形ハ受身ノ者ハ捕身ノ者ノ坐シタル後ロヘ左膝ヲ突右足ヲ立聲ヲ懸次ニ捕身モ聲ヲ掛受身ノ者ハ捕方ヲ左右ノ腕ノ上ヨリ抱ヘルナリ此時捕ハ体ヲ柔和ニナシ頭ヲ輕ク後ヘポント當体ヲ眞直ニ腰ヲ充分ニ上テ右膝ヲ突キタルマヽ左足ヲ横一文字ニ踏開キ(一圖參照)夫ヨリ左右ノ臂ヲ開ク様ニシテ上ゲナガラ腰ヲ下ケ

後捕一

テ体ヲ下ヘヌケル時ニ兩方ノ指先ヲ揃延シ甲ノ方ヲ上ニシテ前ニテ突合スレバ左右ノ臂迄平一文字ノ如クナルナリ而シテ一タン此左右ノ手ノ力ヲ拔キテ前ヘ下ケテ又右手ヲ上ケ受ノ衣ノ右襟ヲ持チ左手ニテ左足ヲハヲ上ケ（二圖參照）前ヘ投殘心ナス事前ノ如シ凡テ受ヲ投ル時ニハ掌中ノ石ヲ大地ヘ打付ルカ如キ心持ニテ投ルト同時ニ手ヲ放スベシ此形ハ後ヨリ捕懸リタルヲ受ヲ捕テ投ル故後捕ヘ號クルナリ

後捕二

初段立合

一行違《ユキチガイ》

此手合ノ形ハ稽古場ノ廣サニ由リ二間或ハ三間程離レテ眞直ニ立受身ノ者聲ヲ掛次ニ捕身ノ方聲ヲ掛兩方ヨリ歩ミ寄リ中七八寸ノ處ニテ立チ止リ捕身ハ左手ニテ受ノ右ノ手首ヲ握リ右手ノ指ヲ延揃ヘ我左ノ肩ノ邊ヨリ受身ノ陰囊ヲ目掛ケテ斜ニ物ヲ切拂フ如クニナシ是ト同時ニ左手ヲ我腰ニ付左足ヲ左ノ後ヘ斜ニ爪先ヲ後ヘ向ケテ開キ腰ヲ落シ膝ヲ少シク左右ヘ張リ次ニ右手ノ平ヲ受身ノ左肩ト胸ノ間

行違

ヘ付些モ我躰ノ動カヌ樣ニ左足ヲ受身ノ右足ノ脇ヘ爪先ヲ外ヘ向ケテ進メ又右足ヲ輕ク揚爪先ニテ陰嚢ヲ蹴（二圖參照）スジニ受身ノ右足ヲ外側ヨリ踢タル足ニテ拔ヒ倒シ夫レヨリ倒レタル受ノ体ノ右腕ノ附際ヘ右膝ヲ突キ右ノ手掌ヲ開キ拇指ノ腹ヲ受身ノ右耳ノ下獨鈷ト云フ處ヘ當テ左足ヲ横ヘ一文字ニ開キ左手ハ受身ノ手首ヲ握リタルマヽ肩ノ上ラヌ樣ニ臂ヲ張テ我左ノ乳ヨリ五寸程離シテ少シ引ク心持ニシ面ヲ左リヘ向ケ氣ヲ滿ナテ臍下ノ前ヘ出ヅル樣ニナシ相圖ヲ聞キ左右ノ手ヲ放シ殘心ナスヘシ

一突掛《ツキカケ》

此手合ノ形ハ前ト仝樣ニ向合テ直立シ聲ヲ懸ケ間三尺迄進ミ受身ノ者右ノ拳ニテ捕身ノ水月ヲ目掛右足ヲ二尺五寸程蹈出シナガラ突ナリ此時捕身ノ者左ノ臂ヨリ指先迄眞直ニ立我体ヘ附テ

右足ノ爪先ヲ外ヘ向ケ後ロヘ一文字ニ三尺二三寸蹈開キ体ヲ右ヘ横向ニナレバ突掛タル拳ノ自然ニヨカル故(一圖參照)直ニ突出シタル手ノ甲ノ方ヘ左手ノ拇指ヲ掛ケ内平ノ方ヘ四指ヲ延シテ掛右手モ又左手同様ニ成シ指先ヲ左指ト深ク重ネ右足ニテ受身ノ陰嚢ヲ踢(一圖參照)テ直ニ其足ヲ受身ノ左右ノ足ノ中程ヘ踏出テ我体ヲ右ヘ一廻シテ受身ノ左脇ヘ並様ニナシテ直ニ右足

突踢一

ノ爪先ヨリ三尺四五寸離レテ左膝ヲ突キ腰ヲ下ゲテ横一文字ニ

突掛二

突掛三

ナリ此時迄手先ノ動カヌ樣ニシテ我体ノ中心ヲシカト定メ而シテ受身ノ指先ガ我前ノ地ヘ付ク位ニ手先ヲ丸ク廻スガ如ク又左ヘネジルガ如ク強ク力ヲ入レズシテ受ノ体ヲ投ルナリ夫ヨリ左右ノ手ヲ前ノ方ヘ眞直ニ伸シ肩ヲ下ゲテ面ヲ右ノ爪先ノ方ヘ向ケ左右ノ手ノ小指ニ少シク力ヲ入レルナリ之ニテ受身ノ者相圖ヲナサバ手ヲ放シテ殘心スヘシ

一引　落　シキナトシ

此手合ノ形ハ前ト同ジク中二三間離レテ直立シ兩方共聲ヲ懸テ進ミ寄リ間三尺ニ至リ止リ受身ノ者右ヲ一足前ヘ踏込ナガラ右手ヲ上ゲ捕身ノ眞向ヘ打込ナリ此際捕身ハ右手ノ外ノ方ヲ額ニ附シ内ノ方ヲ充分ニ向ヘ向ケテ指ヲ延揃ヘ左手モ同樣ニシテ十文字ニ深ク重ネ左右ノ臂ヲ張リ右足ニテ陰嚢ヲ蹴此蹴ト左右ノ手ニテ受身ノ打込拳ヲ受留ルトハ同時ニ働クナリ又蹴タル足ハ

引落一

引落二

直ニ左足ヨリ一尺余後ノ左ヘ斜ニ膝ヲ突ト同時ニ右手ニテ受身ノ右ノ手首ヲ握リ左手ノ指ヲ延シ平ヲ臂ヘ掛ル是ニテ受身ノ右手ノ甲ノ方下ヘ向故(圖參照)逆ニナリ体モ少シ伏ス樣ニナルベシ捕身ハ腰ヲ下ゲルト左足ヲ横ニ踏開クト同時ニ我前ヘ腕ヲ引落シテ受身ノ右ノ肩先ガ我前ノ地ヘ付タル時右手ノ平ヲ甲ノ處ヘ掛ケ左手ハ臂ヲ持タルマヽ面ヲ左リヘ向テ腹ニテ少シク押ス心持ニナシ(二圖參照)相圖セバ放シテ殘心スヘシ

一兩胸捕《リヤウムナドリ》

此手合ノ形ハ兩者ノ間三間バカリ離テ直立シ掟ノ通リ聲ヲ懸兩方ヨリ進行違タル際受身ノ者左右ノ手ニテ捕身ノ左右ノ襟ヲ持右ヲ一足踏出シテ押スナリ捕身ノ者ハ左ヲ一足後ヘ下リ左右ノ手ニテ受ノ腕ノ下ヨリ左右ノ襟ヲ持(圖參照)受ノ体ノ留ル所迄押行蹈止リタル受ノ足ノ際ヘ右足ヲ蹈出シ左足モ右足ノ後ヘ付

少シク足先ヲ十文字ノ樣ニナシ左右ノ腕ノ力ヲ拔キテ我体ヲ受ノ体ヘ附急ニ我ガ腰ヲ足ノ際デ下ケ体ヲ仰向ニシテ左足ハ爪先ニ力ヲ入レ爪先迄眞直ニ伸シ受身ヲ投ルト同時ニ手ヲ放シテ其マヽ左リヘ起キ左膝ヲ突キ右足ヲ横一文字ニ踏開キテ殘心スヘシ

一連拍子　ツレビヨウシ

此手合ノ形ハ兩人竝ビ立テ捉ノ通リ聲ヲ懸テ歩ミ出受身ノ立留リタル時捕身ノ者体ヲ竝ビテ足ヲ受ノ後ヘ一文字ニ踏開キ

兩胸捕

膝ヲ左右ヘ張テ腰ヲ充分ニ下ケ指先ヲ延捕甲ヲ外ニ向ケ腕ヲ延シ内平ノ方ニテ受身ノ細腰ヘ前ヨリ充分ニ巻付（圖參照）臂ニ力ヲ入レヌ様ニシテ氣ヲ滿タシ少シク前ヘ腹ノ出ル様ニシテ投殘心爲スベシ此形ハ元來左右共有ル形ナレ𪜈近頃ハ一方ノミヲ捕終ルナリ尤モ右ニテモ亦左ニテモ形ニ於テハ少シモ替リ無キ事ナリ但シ圖ハ左ヨリ捕シヲ示セシ者ナリ

連拍子

一友車《トモグルマ》

此手合ノ形ハ受ノ右脇六尺乃至七尺或ハ二間程ニテモヨシ離テ直立ナシ聲ヲ懸テ兩方ヨリ進ミヨリ間ダ三尺程ニ至リ受身ノ者右手ノ拳ヲ揚右足ヲ充分ニ蹴込ナガラ頭ヲ打ナリ此際捕身ノ方ハ左足ヲ後ヘ開キ右手ノ內平ヲ外ヘ向甲ノ方ヲ額ニ付臂ヲ張リ指先ヲ揃ヘ延シ膝モ左右ニ張リ腰ヲ下ケテ体ヲ底クシ打來ル手ト我腕ト十文字ニ成ル樣ニ受留テス

友車

グニ受ノ手首ヲシカト握リ左手ニテ袴ノ腰板ノ處ヲ持頭ヲ受ノ右ノ乳ノ下ヘ附受ノ腕ヲ我首ニ巻付ル如ク受ノ手先ト我手先ヲ臂ト共ニ受ノ腹ヘ押ツケ(圖參照)我体ヲ柔カニナシ受ノスグ前ノ處ヘ横ニ寐ル如ク一轉シテ手ヲ放シ右足ヲ蹈開キ左膝ヲ突キ受身ノ投ラレテ行立タル方ヘ向殘心スベシ又横ニ寐テ一廻リスルト云フハ我体ノ丸クコロガルニ共ナワシテ受ノ体モ共ニ丸クスナヲニ投ル樣例ヘバ受ノ体ハ車輪ノ廻ルガ如ク又我体ハ心棒ノ如クナリ之ニ依テ友車ト云フ

一衣　被　キヌカツギ

此手合ノ形ハ兩人ノ間三間バカリ離レテ直立シ聲ヲ懸捕身ノ者受身ノ前迄進行左右ノ手ニテ受ノ左右ノ襟ヲ一處ニ寄セ右手ニテ持右膝ヲ少シ前ヘ出シテ突キ左足ハ後ノ方ヘ踏立我右臂ヲ受ノ胸ヘ附ル樣ニメ少シ向ヘ押スベシ(圖參照)受身ノ者ハ左手ニ

テ襟ヲ持シ捕ノ手首ヲ下ヨリ握リ右ノ拳ヲ揚ゲ打タントスルナリ此際捕身ハ左足ヲ受ノ左右ノ足ノ間ヘ充分ニ蹈込ト共ニ我体ヲ廻シテ受ノ体ノ下ヘ後向ニ入込左手ノ平ヲ受ノ左足ヘ掛ケ掌中ノ石ヲ地中ヘ打込ガ如キ心持ニテ前ヘ投殘心スベシ此廻込タル我体ノ形ハ竪ニ一文字ト心得ベシ

一襟　投　エリナゲ

此手合ノ形ハ三間程離レテ直立シテ聲ヲ懸兩方ヨリ進行捕

衣　投

身ノ者行逢タル時少シ左ヘ寄リ右足ヲ受身ノスグ後ヘ踏出シ右手ニテ着衣ノ襟ヲ持ナガラ受ノ後ヘ廻リ堅ニ左足ヲ一文字ニ踏開キ腕ヲ延シ膝ヲ左右ヘ張リ腰ヲ充分ニ下テ受身ノ者ヲ止メルナリ（圖參照）此時受ハ留メラレタル際少シ後ヘ斜ニ左足ヲ踏開クベシ又捕身ノ方ハ右足ヲ動カサヌ樣ニ我腕ノ下ヲ右ヘ体ノ中心ヲ崩サヌ樣ニ廻リ受身ト後合ニナリ左足ノ膝ヲ横ヘ一文字ニ突

襟投一

キテ腰ヲ下ゲ右足ノ爪先ヲシカト踏付膝頭ニテ受ノ右足ノ膝裏ヲ少シ當テ右手ニ持シ襟ヲ少シモ引心持無ク只掌中ノ礫ヲ地ヘ打込ムカ如クニシテ投ナリ受身ノ者ハ後ヘ倒レテ直ニ捕身ノ烏兎ヲ目掛テ右手ノコバノ方ニテ打ベシ又捕身ノ者ハ右手ノ指先ヲ上ノ方ヘ眞直ニ延シテ臂ヲ少シク横ノ方ヘ張リ尺澤ノ裏ノ處ニテ當來ル手先ヲ受留テ（二圖參照）其マヽ氣ノ拔ケヌ樣ニ殘心スベシ

襟投二

一手髪捕《タムサトリ》

此手合ノ形ハ前同様ニ三間程離レテ直立シテ聲ヲ發シ兩方ヨリ進行間一尺バカリニ至リシ際受身ノ者右手ニテ捕身ノ前髪ヲツカミ左足ヲ後ノ左ヘ斜ニ踏開クナリ此時捕身ノ者ハ受身ノ手ノ甲ノ上ヘ右手ノ平ヲ掛ケ左足ヲ後ノ左ヘ斜ニ蹈開キ頭ヲ曲ゲヌ様ニシテ腰ヲ充分ニ下ゲ左手ノ平ヲ受ノ右腕ノ臂ヘ當我体ノ中心ヲ崩サヌ様ニナシテ左足ヲ受身ノ右足ノ脇ヘ蹈込ナガヲ少シ向ヘ斜

手髪捕一

ニ体ニテ押シ右足ニテ陰嚢ヲ蹴テ（一圖參照）直ニ後ノ隅ノ方ヘ体ト共ニ蹈開キテ受身ノ右脇ヘ斜ニ並ビタル樣ニナリ左手ノ指ヲ延揃ヘテ臂ヨリ指先迄眞直ニ立テ撓骨ノ處ニテ受身ノ右臂ノ關節ヨリ二寸程上ノ處ヘ掛ケ充分ニ氣ヲ滿チテ些シク腕ヲ押ヘル樣ニナシ受ノ体ヲ崩シ左足ノ膝ヲ我右足ノ際ヘ寄テ突キナガラ受ノ体ヲ我体ニ隨テ引寄セ右足ヲ右ノ前ノ隅ヘ斜ニ蹈開キ右手ノ指先ヲ受ノ手ノ内平ヘ掛テ向ヘ伸シ面ヲ右ノ爪先ヘ向テ

手髮捕二

自然ト氣ヲ滿テ下腹ノ張ル樣ニナシ手先ニ强ク力ヲ入レズシテ左手ニテ少シク押ヘル樣ニナシ(二圖參照)之ニテ受身ノ者相圖ヲナサバ手ヲ放シテ殘心スルナリ

一後捕　ウシロトリ

此手合ノ形ハ受身ノ者ハ捕身ノ直立ナシタルスグ後ヘ立テ懸聲ヲ發シ又捕身ノ者モ聲ヲ懸受身ノ者ハ右足ヲ捕身ノ右脇ヘ少シ蹈出シテ後ヨリ左右ノ腕モ共ニ兩手ニテ抱ヘル也捕身ノ者ハ先頭ニテ後ヘ當左足ヲ横ヘ一文字ニ三尺程踏

後捕

開キナガラ左右ノ指先ヲ胸部ノ處ヘ甲ノ方ヲ上ニ向ケテ延揃ヘ左右ノ臂ヲ指先ト平一文字ニナシ腰ヲ充分ニ下ゲルナリ（圖參照）此腰ヲ下ゲルモ左足ヲ蹈開キ又左右ノ指先ト臂ヲ延揃ヘルモ皆一時ニ成スベシ些ニテモ是ニ前後在レバ抱ヘヲレタル處ノ体ヲ拔ケ難キ者ナリ右ノ如クニ成シテ一度上ケタル左右ノ腕ノ力ヲ拔キテ肩ト共ニ手先ヲ下ケナガラ右足ヲ少シク後ヘ下ケテ膝ヲ突キ左ノ爪先ヨリ右膝迄三尺余離レテ一文字ニナツテ腰ヲ下ケテ右手ノ平ヲ後ヘ向テ受身ノ右襟ヲシカト摑ヘ又左手ノ平ヲ受身ノ左足ヘ掛テハ手上ケナガラ右手ニテ受ノ体ヲ目前ノ地ヘ打付ル心持ニテ投放シ殘心スヘシ

初段廿手終

○初段ノ手合ノ形ハ當身蹴込ミハ素ヨリ手足ノ逆ニテモ亦ハ咽喉ノシメニテモ總テ柔ラカニ捕ルヲ以テヨシトス亦此レヨリノ中段ノ手合ノ形ハ咽喉ノシメハ素ヨリ手足ノ逆ニテモ又ハ當身モ蹴込ミモ充分ニコタユル樣ニ成スベシ尤唯力ノミ入レテ手足ノ凝リ固マルハ宜シカラズ總テ柔ラカニシテ自然トコタユル樣ニ能ク意ヲ用ヒテトルベシ

中段　居捕

一眞之位　シンノクライ

此手合ノ形ハ初段ノ眞之位ト同シ樣ニ半身ニ構ヘ聲ヲ懸ケ眞直ニ立上リ左リ右ト二タ足ニ進ミ充分ニ氣合ヲ懸テ左右ノ手ヲ咽喉ヘ掛ナガラ額ヲ受身ノ胸部ヘ押付テ斜ニ倒シ左膝ヲ右耳ノ脇ヘ突キ右手ニテ受身ノ右腕ヲ抱ヘルガ如ク成シテ手ノ内平ノ方ヲ上ニ向

テ受ノ右肩先ノ處ヘ出シ左手ニテ右ノ襟ヲ右手ノ平ノ處ヘ寄セテ右手ニテ握リ左手ニテ左襟ヲ持右足ヲ右ノ横ヘ一文字ニ開クト共ニ頭ヲ上テ右ノ爪先ヘ向左手ノ方ハ襟ヲ余リ強ク掴マヌ樣拇指ヲ柔ラカニナシ小指ニ力ヲ入平ニナラヌ樣ニコバノ方ニテ咽喉ヲ押ヘ追々ニシメルナリ（圖參照）受ハ充分ニシマレバ相圖ヲ成シ捕身ハ手ヲ放シテ殘心スベシ

一手巾捕《シキントリ》

此手合ノ形ハ受ノ右脇ヘ竝座シ兩人聲ヲ懸捕身ノ者ハ受ノ右膝ヨリ右ノ

眞之位

前ヘ斜ニ一尺程離レテ右ノ膝ヲ突キ左足ヲ受ノ右膝ノ脇ヘ蹈出シ腰ヲ上テ体ヲ眞直ニ伸シ(一圖参照)次ニ左手ノ指手ヲ輕ク少シク曲ケテ右腕ノ附根ヘ掛ケ右手モ指先ヲ輕ク少シ曲テ内ノ方ヘ掛ケ右足ヲ斜ニ踏開キナガラ左手ヲ臂ノ邊迄右手ヲ手首迄ナデル様ニシテ持ナガラ中腰ニ体ヲキメテ右足ノ爪先ヲ返ラシテ脇腹ヲ蹴直ニ元ノ處ヘ開キ左膝ヲ右足ノ際ヘ突クト同時ニ腕ヲスナヲニシテ強クコタヘヌ様ニ船底ナリニ引ク様ニ受ノ体ヲ引寄テ右足ヲ右ノ前ヘ斜ニ蹈開キツリガタメニ爲スナリ(一圖参照)此釣ガタメト云フハ

手巾捕一

先左手ノ方ハ拇指ノ根ノ少シ高キ處ヲ臂ノ少シ凹ミタル處ヘ付右手ハ受ノ手首ヘ我指ヲ巻付ル如ク充分ニ向ヘ延シテ持受ノ手ハ小指ヲ下ニナシ拇指ヲ上ニ向ケル樣ニナシ少シク右手ニテ鈎上ル心持ニテ左手ノ方ヘ向ヘ押シ左右腕共ニ余リ强ク力ヲ入レズニ臍下ニ氣ヲ滿チテ腹ニテシメルナリ又受ノ体ハ自然ト前ヘシマルニツレテ乗出スヲ艮トスベシ是ニテ受ガ疊ヲ打タル時手ヲ放シテ殘心スベシ

一左胸捕　ヒダリムナドリ

手巾捕二

此手合ノ形ハ兩人ノ間一尺五六寸離レ對坐シ聲ヲ懸受身ノ者ハ左右ノ手ニテ捕ノ左右ノ襟ヲ一處ニ寄セ左手ニテシボリニ捕ナリ受身ノ者ハ左手ニテ受ノ手ヨリ少シ下ノ處ノ我襟ヲ握リ左足ヲ受ノ左膝ノ脇ヘ蹈出シテ腰ヲ伸シ右ノ臂ヲ張テ我襟ヲ肩ノ方ヘ引上ケ左手ノ指ヲ受身ノ左手ノ甲ノ上ヨリ内平ノ方ヘ充分ニ掛テ小指ニ力ヲ入レシカトンメ(一圖參照)右手ニテ手首ヲ摑ミ右足ヲ立チ作ヲ受身ノ右ノ脇腹ヲ蹴テ直ニ我ガ左足ノ際ヘ立又右足ヲ中心ニシテ左ノ後ヘ一廻ナシツヽ直ニ左

左胸捕 一

足ヲ左ノ前ノ隅ヘ斜ニ蹈開(十二圖參照)受身ト並ブ樣ニナリ腰ヲ充分ニ下ケテ右臂ニテ受身ノ左腕ヲ狹ミ込ム樣ニナシ右膝ヲ左足ノ踵ヨリ左ノ外ノ方ヘ四五寸出ス位ニナシナガヲ我体ト共ニ受ノ体ヲ引寄セ左足ヲ些上ゲ此時受身ノ者ハ腕ヲイタメヌ樣ニ左膝ノ前ノ處ヘ体ヲ伏スベシ又捕身ノ者ハ腕ヲイタメヌ樣ニ体ト体ト並ヘテ仰向ニ一度寐テ右足ノ膝ヲ受ノ腕ノ附根ノ際ヘ突

左胸捕二

キナガラ左手ニテ受ノ手首ヲ上ノ方ヨリ持直シテ右手ノ平ヲ臂ヘ掛ケ左足ヲ左ノ前ヘ斜ニ蹈開キ我体ヲ良ク正シクシテ前ノ形ノ如ク釣ガタメニ爲シ面ヲ左ヘ向テ追々ニシメルナリ之ニテ受身ノ相圖ヲ聞テ手ヲ放シ殘心スヘシ

一右胸捕《ミギムナドリ》

此手合ノ形ハ前ト同シク中一尺五六寸離レテ對坐シ聲ヲ懸受身ノ者左右ノ手ニテ襟ヲ一處ニ寄セ右手ニテ絞リニ取ルナリ其際捕身ノ方ハ左手ノ平ヲ上ニ向テ受身ノ手首ヲ下ヨリ握

右胸捕一

りり右手ノ掌ヲ開キ拇指ノ腹ヲ受身ノ右ノ獨鈷ヘ押付同時ニ右膝ヲ突キタルマヽ左足ヲ後ヘ一文字ニ蹈開キ腰ヲ充分ニ上ゲ右手ニテ獨鈷ヲ向ヘオシ左手ニテ受ノ右手首ヲ引キ（一圖參照）是ヲ少シモユルメヌ樣ニシ左足ヲ受ノ右脇ヘ蹈出シ右足ヲ立ナガラ右脇腹ヲ蹴テ向フヘ倒シ直ニ右膝ヲ右ノ脇腹ノ邊ヨリ水月ノ邊ヘ掛テ腰ヲ下ケヌ樣ニナシ左足ヲ少シ前ヘ踏ミ出シ左ノ臂ヲ上ケナガラ掌ヲ外ヘ向ケテ受身ノ左ノ手首ヲ持直シ（二圖參照）

右胸捕二

下ヘ押付テ左ノ膝ヲノセ右手ノ平ヲ少シ上ゲテ内ノ方ヨリ左手ニテ左襟ヲ持右手ニテ右襟ヲ持右足ヲ横ヘ一文字ニ踏開キ左手ノ平ニナラヌ樣甲端ノ方ニテ追々ニ咽喉ヲシメ面ヲ右ヘ向之ニテ受ノ方相圖ヲナシタル時手ヲ放シテ殘心ナスベシ

一御前捕《ゴセントリ》

此手各ノ形ハ中六七尺程離レテ受身ノ者ハ左リヘ横向ニ坐シ捕身ノ者モ同シク受ノ向キタル方即チ我右ヘ横ニ向キ右膝ヲ突キ左膝ヲ少シ上テ搆ヘ聲ヲ懸ケ眞直ニ立ナガラ受ノ坐シタル方ヘ向テヅカ〱ト受ノ右脇迄歩ミ寄リ左手ヲ受ノ右ノ腕ノ附根ニ掛右手ノ卆ヲ腕ノ内ノ方ヘ掛ケ右足ヲ後ヘ一文字ニ踏開キナガラ左手ハ臂迄右手ハ手首迄ナデル樣ニシテ送リ左右ノ膝ヲ開テ充分ニ腰ヲ下ケ開キタル右足ノ爪先ヲ返シテ脇腹ヲ蹴テ(圖參照)直ニ元ノ處ヘ蹈開キ左ノ膝ヲ右足ノ際ヘ寄テ突キナガラ受ノ腕ノ丸ク船底ナリ

ニ引落シ右足ヲ眞一文字ニ踏開キテ始メ搆ヘタル際ノ通リニ向手巾捕ト同樣ニ釣ガタメニ爲シ面ヲ右ヘ向テ追々ニシメ受身ノ者相圖ヲナサバ手ヲ放シテ殘心スベシ

一袖車《ソデクルマ》

此手合ノ形ハ間六尺程離テ相對座シ捕身ノ方ハ右膝ヲ突爪先ヲ立テ揃ヘタルマヽ少シ左膝ヲ上ケテ搆ヘ兩人聲ヲ懸初段ノ袖車ト同樣ニ左リ右ト二タ足進右手ヲ肩先ヘカケ左手ニテ左襟ヲ持

御前捕

乍ラ後ヘ廻リ右手ニテ左ノ肩先ノ衣ヲ握リテ直立ナシ左足ヲ後ヘ斜ニ蹈開キ右足モ又斜ニ蹈開キテ横一文字トナリ面ヲ左リヘ向腰ヲ充分ニ下ケテ左右ノ手ハ少モ引寄ル心持ナク受ノ体ガ倒レル事モ出來ズ又起ル事モ出來ヌ樣ニ送中ヘ止メテ手ヲ充分ニ延シ指先ヨリ追々ニシメルナリ(圖參照)是ニテ受身ガ打タル時少シ向ヘ押ス樣ニシテ放殘心スベシ

袖車

一 飛違《トビチガイ》

此手合ノ形ハ間三尺程離テ對座シ受身ノ者ハ左手ニ小太刀ヲ携ヘ

聲ヲ懸右足ヲ前ヘ踏出シナガラ右手ニテ小太刀ヲ拔キ頭上ヘ切付ルナリ此際捕身▲

飛違一

飛違二

▲ノ者ハ受身ノ蹈出シタル足ノ右脇ヘ右足ヲ蹈込ナガラ右手ノ臂ヨリ指先迄眞直ニ立我額

テ飛込直ニ受ノ腕ヲ下ノ方ヘ烈シク手首迄ナテ下シ其手首ヲシカト掴ミ（一圖參照）左手ノ平ヲ臂ヘ掛ケ乍ラ左足ヲ上テ脇腹ヲ蹴テ（二圖參照）右足ノ際ヘ立右足ヲ右ノ後ヘ斜ニ蹈開キ左ノ膝ヲ右足ノ際ヘ突ナガラ受身ノ腕ヲ丸ク船底ナリニ引落シ右足ヲ右ノ前ヘ斜ニ開キ我体ヲ正シクシテ腕ヲ釣ガタメニナスベシ但シ釣ガタメノ捕様ハ前ニ述タル故爰ニ畧ス

一　拔刀目附　ヌキミメツケ

此手合ノ形ハ受身ノ者ハ左手ニ木太刀ヲ携ヘ捕身ノ者ハ間六尺程離レテ左手ニ木太刀ヲ携ヘ右膝ヲ突キ左膝ヲ少シ上テ開キ爪先ヲ揃ヘ半身ニ搆ヘ受ヨリ聲ヲ懸次ニ捕ノ方聲ヲ懸ケ右手ニテ小太刀ヲ拔キ肩ヨリ切先迄眞直ニ受ノ左眼ヲ差シテ附其マ、立上リ左リ右ト斜ニ二タ足進ム此際受身ハ木太刀ニテ捕ノ右膝ヘ横ニ切付ルナリ捕身ハ腕ニ力ヲ入レヌ様小手先ヲ内ノ方ヘ輕ク返シテハ子返ス様ニ受クテ直ニ切落シ又元ノ如ク左眼ニ付左膝ヲ充分ニ大キク受ノ右脇ヘ蹈込膝ヲ突キ乍ヲ左ノ指ヲ延揃ヘ小指ノコバノ方ヲ咽喉ヘ當小太刀ヲ左眼ニ付タルマ、受ノ体ヲ押倒シ（二圖參照）左手ニテ左襟ヲ摑ミ小太刀ノ柄頭ニテ

拔刀目附一

拔刀目附二

臍下ヲ當直ニ右ノ方ヘ小太刀ヲ捨テ右ノ手首ヲ上ヨリ握リ受ノ体ニ付向フヘ押横ニサシテ右ノ膝ヲ左膝ノ際ヘ突キ又左ノ爪先ヲ受身ノ腰帶ノ邊迄踏出シ腰ヲ下ケテ受ノ右臂ヲ左ノ膝頭ヘ當腰ヲ上乍ラ腹ヲ前ヘ出シテ手ヲ少シ前ヘ引受ノ体ヲ起スナリ（二圖參照）此際左手ヲ五六寸下ケテ襟ヲ持同時ニ右手ヲ少シ前ヘ出シ膝ヲ少シ下ケテユルメ左足ヲ横ヘ大キク踏開キ乍ヲ右手ヲ左足ノ方ヘ投付ル樣ニシテ放シ同時ニ左襟モ共ニ少シ前ヘ引一度起シタル受ノ体ヲ二タ度我前ヘ伏サセルナリ夫ヨリ右

拔刀目附三

手ニテ左ノ衣ノ肩先ヲ掴ミ左膝ヲ頸ノ際ヘ突キ右足ヲ後ヘ一文字ニ蹈開キ臂ニテ左右ヘ引分ル樣ニナシテ追々ニシメルナリ（三圖參照）是ニテ受身ノ者相圖ヲナサバ手ヲ放シテ殘心スヘシ

一　奏者　捕ソウシヤトリ

此手合ノ形ハ前ト同ジク受ハ左手ニ木太刀ヲ携ヘ捕ハ六尺計離レテ左手ニ小太刀ヲ携ヘテ半身ニ構ヘ相方聲ヲ懸テ捕身ノ者ハ眞直ニ立上リ左リ右ト斜ニ二タ足進ミ受身ノ者ハ拔打ニ膝ヘ横ニ切付ルナリ捕ハ小太刀ヲ右手ニテ拔ナカラ

奏者捕

受テ上ヨリ切落シ直ニ左眼ニ附ケ左足ヲ後ヘ蹈込ナカラ左手ニテ前ヨリ左襟ヲ持後ヘ廻テ直立ナシ小太刀ヲ持タル儘手ヲ下ケ次ニ左右ノ足ヲ横一文字ニ蹈開ト同時ニ右ノ手ヲ横ニ伸シ手ノ甲ノ方ヲ下ヘ向テ小太刀ヲモ眞直ニナシ(圖參照)直ニ其切先ヲ下ヘ提其マヽ受ノ左ノ肩先迄手先ヲ廻シテ小太刀ヲ捨袖車ノ如ク肩先ノ衣ヲ握リ左足ヲ後ヘ斜ニ蹈開キ又次ニ右足ヲ斜ニ蹈開キ面ヲ左リヘ向ケテ小指ヨリ追々ニシメ之ニテ受身ノ方相圖ヲナサバ手ヲ放シ殘心スベシ

一　柄　止　　ツカドメ

此手合ノ形ハ中三尺程離レテ捕身ノ者ハ木太刀ヲ左手ニ携ヘテ對座シ先相方聲ヲ懸受身ノ者ハ右膝ヲ少シ前ヘ進ミテ右手ニテ柄ヲ握リ少シ引寄セ次ニ左手ヲ掛ルナリ捕ハ左手ニテ鍔際ヲ握リ居テ受身ノ者ガ手ヲ掛ケタル際左ノ拇指ニテ鍔ヲナサヘ腰ヲ上テ右足

柄止一

ヲ前ヘ蹈出シ乍ヲ右手ノコバニテ鳥兎ヲ當(一圖參照)直ニ柄頭ヲ下ヨリ握リ左膝ヲ突キタルマヽ右足ヲ後ヘ大キク一文字ニ蹈開キ乍ラ腰ヲ下ケ是ト同時ニ柄先ヲ右ノ爪先ノ處

柄止二

迄下ヘ船底ナリニ引來リ我体ヨリ木太刀ノ離レヌ樣柄先ヲ急ニ肩ノ邊迄上ゲ右足ヲ左膝ノ際ヘ寄セテ(二圖參照)膝ヲ左膝ノ際ヘ寄ト左足ヲ後ヘ一文字ニ蹈開クト共ニ右手ニテ柄先ヲ下ヘ伏セル樣ニシテ受身ノ水月ノ邊ヘ突出スヘシ此柄先ヲ突出スト左右ノ足ヲ立替テ我体ヲ向替ルハ寸分ノ違ヒモ無ク速ナラザレバ氣相拔ケル故能ク々考ベシ

一　膳越《ゼンゴシ》

此手合ノ形ハ中六尺程離レテ對座シ捕身ノ者片膝上テ半身ニ構ヘ兩人共懸聲ヲ發シ捕身ノ者ハ眞直ニ

膳越一

立上リ左リ右ト斜ニ二タ足進ミ右手ノ指先ヲ少シ右ヘ返ラセテコバノ方ニテ烏兎ヲ打左足ヲ受身ノ眞後ヘ踏込左手ノ拇指ヲ内ニシテ左襟ヲ持右手ニテ右襟ヲ持少シ左右ヘ開テ直ニ右襟ヲ左リノ方ヘ少シク寄セ左襟ヲ右襟ノ上ヨリ首エ巻付ル様ニシテ我左ノ拇指ヲ上ニシ小指ノ方ヲ首ニ附少シク臂ヲ横ヘ張テ受ノ体ヲ崩シ右手ノ平ニテ右膝ヲハチ（一圖參照）テ倒シ乍ラ我右膝ヲ左足ノ方ヘ充分ニ送テ突キ左足ヲ竪ニ一文字ニ蹈開キ右手ノ

膳越　二

指先ヲ延テ左手ノ上ヨリコバノ處ニテ受ノ襟首ヲ少シ押ス心持ニ爲シテ左ノ肩ノ處ヲ握リ我体ノ中心ヲ正シク右ノ臂ヲ張樣ニシテ我腰ノ後ノ方ヘ引廻ス樣ニ爲シ乍ラ(二圖參照)左ノ指先ヲ追々ニ摑テシメルナリ此シメル時ニ横ニ倒レ居ル受ノ体ガ起ラレヌ樣ニシメルニ隨テ仰向ニ成迄追々ニシメ面ヲ左ヘ向テ受ガ相圖ヲ爲シタル時手ヲ放シ殘心スベシ

一　兩手詰《リヤウテズメ》

此手合ノ形ハ間一尺程離レテ對座シ兩人聲ヲ懸テ受身ノ者ハ捕ノ左右ノ手首ヲシカト握ルナリ捕身ノ者ハ手ニ力ヲ入ンズニ腰ヲ少シク

兩手詰

上テ体ノ中心ヲ失ハザル様右足ノ爪先ニテ速ニ受ノ水月ヲ蹴ルト同時ニ左右ノ手ヲ後ニテ打合セ直ニ兩膝ヲ突テ爪立チ(圖參照)左右ノ手ハ元ノ如ク膝ノ上ニ置ベシ此水月ヲ蹴ルハ足先ガ受身ノ目ニモ見ヘヌ位ニ速カニナシテ膝ヲ突ベシ又左右ノ手ハ少シモ上ル心持モナク又開ク心持モナク只速ニ蹴ト同時ニ後ニテ打合スベシ又受身ノ者ハ一タン放シテ再度左右ノ手ヲ押ヘ捕ハ此度ハ左足ニテ前ノ如ク蹴ト同時ニ後ニテ手ヲ打合スナリ此形ハ二度共餘リ腰ガ上ラヌ様意ヲ用ヰテ捕ルベシ

一左右之曲《サユウノキヨク》

此手合ノ形ハ受身ノ者ハ左リヘ横向ニ坐シ捕身ノ者ハ受身ノ右脇ヘ六尺程離レテ例ノ如ク半身ニ搆相方聲ヲ懸テ眞直ニ立上リ平常ノ如ク歩ミ行キ受身ノ際ヘ立止リ右足ノ爪先ニテ右ノ横腹ヲ蹴テ受ノ際ヘ立テ右手ノ指先ヲ延シテ掌ヲ顎ヘ掛ケ向フヘ突ト同時ニ

左足ヲ後へ一文字ニ踏開テ腰ヲ充分ニ下ケ（一圖參照）又左足ヲ受ノ左ノ後へ大キク踏込ミ右足ヲ些カ下ケテ受身ノ後へ一文字ニナリ左手ノ指ヲ延シテ柔カニ掌ヲ上ニ向テ顎ノ下へ掛ケ手首ヲ左ノ襟際へ附右手ニテ受身ノ右ノ肩先ヨリ手首迄ナデ下ケ甲ノ方へ四指ヲ掛ケ内ノ曲リ際へ拇指ヲ掛テ掌ヲ上ニ向ケ我右腰ノ際エ引寄セ左ノ臂ガ開カヌ樣ニ背後へ押付指ニ　左ノ上ノ方へ斜ニ突出ス心持ニテ腹ヲ充分

左右曲一

ニ前ヘ出シ受ノ体ヲ崩シテ中腰ニナリ(一圖參照)是ニテ左右ノ手ハ少シモ動ス心持ナク只我体ヲ右ノ後ヘ廻リ堅一文字ニナリ手ノ平ニ盛リタル物ヲ下ヘ捨ル如ク我目ノ前エ受ノ体ヲ投ルナリ此投ル處ハ受ノ体ヲ投ル心得ニテ成ス時ハ自然ニ手足カ固クナル故隨テ業モ速カナラズ只手ノ平ヲ返シテ見ルト云フカ如クニナスベシ此形ニ限ラズ總テ業ハ柔ラカニシテ速カナルヲ貴トスルナリ

右曲二

一引　立　シキタテ

此手合ノ形ハ中六尺隔テ對座シ例ノ如ク捕ハ半身ニ搆エ兩人聲ヲ懸捕身ノ者ハ眞直ニ立上リ左リ右ト斜ニ二タ足出左手ノ指先ヲ延揃ヘ甲ヲ上ニ向テコバノ方ヲ咽喉ヘ掛テ充分ニ腕ヲ伸シ斜ニ押付ルト同時ニ右足ヲ受ノ眞後ヘ踏込右手ニテ右ノ手首ヲ上ヨリ握テ斜ニ引上ケ受ノ体ヲ充分ニ崩シ（一圖參照）其マ、引上タル腕ヲ左手ニテ内ヘ巻様ニナシテ腋下ヘ狹込我右襟ヲ摑ミ受

引立　一

ノ手ノ内平ヲ上ニ向テ右手ニテ少シ向ヘ押ス心持ニシテ下ヘ押ヘ左ハ拇指ヲ上ニシ小指ヲ下ニナシ襟ヲシカト摑左臂ヲ受身ノ右腕ニ深ク掛テ引立ルナリ（二圖參照）受身ハ充分ニ引立ラレタル際相圖ヲナスベシ是ニテ捕身ノ方ハ手ヲ放シテ殘心スベシ

中段居捕　拾四手終リ

引　二

中段 立合

一行違《ユキチガイ》

此ノ手合ノ形ハ初段ノ行違ヒト同様ニ三間程離レテ直立ナシ互ニ聲ヲ懸テ進ミ行逢ダル際捕身ノ方ハ左手ニテ請身ノ右ノ手首ヲ摑ミ右手ノ指ヲ伸シテ我ガ左肩ノ邊ヨリ請身ノ陰囊ノ方ヘ斜メニ拂イナガラ左足ヲ左リノ後ヘ斜メニ踏ミ開ク時受身ノ右ノ手首ヲ左手ニテ摑ミタルマヽ我ガ左リノ腰ヘ引キ附ケ亦右手ノ平ヲ請身ノ左リノ肩ノ處ヘ當テ

行違

少シクオス心持ニナシ我ガ左足ヲ請身ノ右足ノ脇ヘ踏込ミ亦右足ニテ請ノ右足ノ外側ヨリ拂ツテ倒シ直ニ右膝ヲツキ右ノ掌ヲ開テ拇指ノ平ニテ請ノ右ノ獨鈷ヲオシ乍ラ左足ヲ横ニ踏開キ之レト同時ニ請ノ右ノ手首ヲ左手ニテ摑ミシマヽ斜メニ引キ揚ゲ亦直ニ其手首ヲ請身ノ頭ノ際ヘ押シ付テ我左膝ヲ乘セ右手ノ平ヲ少シ揚テ内ノ方ヨリ左手ニテ左襟ヲ持小指ノ方ヲ咽喉ヘ押付右手ニテ右襟ヲ摑ミ（圖ノ如ク）右足ヲ横ヘ一文字ニ踏開キ面ヲ右ノ爪先ノ方エ向テ十分ニシメ受ガ相圖ヲ爲シタル時手ヲ放シテ殘心スベシ

一向山影《ムコウヤマカゲ》

此手合ノ形ハ三間程離レテ直立ナシ互ニ聲ヲ懸テ進寄行逢ヒタル時ニ先捕身ノ者ハ右手ニテ左襟ヲ持左足ヲ後ヘ開キ乍ラ少シ押テ受ノ体ヲ半身ニナシ此際受身ノ者ハ左足ヲ少シ後ヘ開クベシ捕身ノ者ハ左手ニテ右袖ノ附根ヲ下ヨリ持左足ヲ三尺計リ向ヘ踏込乍

ヲ左手ニテ少シ押テ臂ヲ張リ体ヲ右向ニナシ受ノ体ヲ後向ニシテ右手ニ持タル襟ヲ咽喉ノ處ヘ懸テ充分ニ請身ヲ仰向ニソラセテ左リノ臂ニテ倒レヌ樣ニ留メ置キ(二圖參照)右膝ヲ左足ノ踵ノ際ヘツキ次ニ左足ヲ横ヘ一文字ニ蹈開キ乍ラ左手ヲ放シ右手ハ襟ヲ持タル儘ニテ少シモ下ヘ引ク心持ナク唯柔ヲカニ請ノ体ヲ落シテ直ニ左手ニテ左リノ手首ヲ上ヨリ摑ミ受身ノ腰骨ノ處ヘ押シ付テ少シ横向ニナシ右膝

向山影一

ノ先ヲ少シ上ゲテ脊骨ノ六七椎ノ邊ヘ當左足ヲ横一文字ニ踏開キ左手ヲ我ガ左リノ乳ノ邊ヘシキナガラ右手ニテ襟ヲ柔ラカニ引キシメ亦右ノ膝ノ方ハ强ク押サヌ樣ニ追々我ガ下腹ヲ前ヘ出スベシ此レニテ面ヲ左リヘ向ケ(二圖參照)充分シマリシ時請身ハ相圖ヲナシ捕身ハ左右ノ手ヲ放シテ前ノ如ク殘心スベシ

一 後山影《ウシロヤマカゲ》

此手合ノ形ハ中三間計リ離レテ直立ナシ互ニ掛聲ヲ發シテ進ミ行キ先ヅ捕身ノ方ハ右手ノ指先ヲ揃ヘテ伸シ

向山影二

掌ヲ請身ノ頭ニ掛ケ左足ヲ後ヘ二尺余開キ乍ラ右手ヲ伸シテ頤ヲ向フヘ押ベシ此際請身ノ者ハ左足ヲ少シ後ヘ開クベシ亦捕身ノ方ハ左手ニテ右ノ袖先ヲ下ヨリ持(二圖參照)次ニ一度開キタル左足ヲ亦前ヘ三尺計リ蹈込腰ヲ下テ右向ニナリ乍ラ左臂ヲ少シ張リ受ノ体ヲ後向ニメ右ノ指先ヲ頭ニ附タル儘上ノ方ヘ手先ヲ廻シテ受身ノ頭ノ上ヲ越シ体ヲ充分ニ後ヘ返ラセ受身ノ倒レヌ様靜ニ右膝ヲ左足ノ後ヘ突キテ左足ヲ横ニ開キ乍ラ右手ヲ放シ左ノ臂ヲ

後山影

ユルメテ受ノ体ヲ下ヘ落シ右手ノ拇指ヲ右襟ノ内ニ四指ヲ外ニシテ摑ミ左膝ヲ肩ノ際ヘ突右足ヲ右ノ後ヘ蹈開テ始メ我直立ナシタル方ヘ向キ横一文字トナリ左臂ヲ受ノ襟首ノ方ヘ張テ袖先ヲ引右手ヲ柔ラカニシテ襟カ咽喉ヘ卷付樣追々ニシメ面ハ右ノ爪先ヘ向之ニテ相圖ヲナサバ手ヲ放シテ殘心スヘシ

此二ツノ形ハ中段ノ内ニテハ相違爲シ易キ形故体ノ位置ト手先ノ働樣ヲ能ク考スベシ

一腰《コシ》附《ツキ》

此手合ノ形ハ三間程離レテ直立シ互ニ聲ヲ發シ進行中三尺計リニ至リ受身ノ者右手ノ拳ヲ揚テ右足ヲ前ヘ蹈込乍テ打掛ルナリ捕身ノ者ハ此際除ル心持無ク受身ノ蹈出シタル右足ノ後ヘ充分ニ左足ヲ蹈込乍ラ唯我体ヲ半身ニナシ腰ヲ充分ニ下テ受ノ体ニシカト附同時ニ左手ヲ柔ラカニ指ヲ延シテ前ヨリ掌方ニテ腰ヘ卷付(圖參

照)臂ニ力ヲ入ヌ樣ニ腰ヲ下ゲタル儘下腹ヲ少シ前エ出シテ受ノ体ヲ輕ク後エ落シ左膝ヲ右足ノ際ヘ突右足ヲ右ノ後ヘ踏開キ左手ニテ左襟ヲ持右手ニテ手首ヲ摑ミ受ノ腰ニ附少シ向エ押テ横向ニナシ我左足ヲ我左足ノ後エ寄テ膝ヲ突キ右足ヲ受身ノ腰ニ附テ踏出シ我腰ヲ受ノ頭ノ方ヘ少シク下ゲ受ノ右臂ヲ我左ノ膝ニ當右膝ヲ突キタル儘腰ヲ上ゲ乍ラ左膝ヲ腹ト共ニ向エ押出シテ受ノ体ヲ我前エ引起シ少シク手ト膝トヲユルメ左ノ襟ハ肩ヨリ五六寸

腰附

下リテ握リ左足ヲ横ヱ開キ乍ラ右手ヲ左手ノ下ノ方ヱ投込ト共ニ左ノ襟ヲ我前ヘ引附テ受ノ体ヲ伏サセ右手ニテ左ノ肩先ヲ捕左膝ヲ首ノ際ヘ突キ右足ヲ右ノ後ヘ踏開キ左臂ヲ首筋ノ處ヘ張テ追々ニシメ面ハ右ヲ向キ之ニテ受身ノ者相圖ヲナサバ手ヲ放シテ例ノ如ク殘心スベシ

一 小手返　コアガヘシ

此手合ノ形ハ初段ノ突掛ト同樣ニシテ三間程離レテ直立ナシ互ニ懸聲ヲ發テ進行中三尺計リニ至リ受身ノ者右ノ拳ニテ右足ヲ前ヘ蹈出シ乍ラ水月ヘ突掛ルナリ捕身ノ者ハ左ノ臂ヨリ指先迄眞直ニ立脇腹ヘ附右足ヲ後ヘ開キ体ヲ右向ニナリ左ノ拇指ヲ受ノ拳ノ甲ノ方ヘ付四指ヲ内ノ曲リメノ處ヘ掛ケ右手モ同ジク拇指ヲ甲ヘ掛ケ四指ヲ内ヘ掛テ右足ノ爪先ニテ陰嚢ヲ蹴リ直ニ其下ヘ踏左足ヲ体ト共ニ左ノ後ニ廻テ始メ我立タル方ヘ向膝ヲ突右ハ爪先ヲナシカ

ト踏付テ一文字ニナリ(圖參照)此際迄左右ノ手ハ少シモ動カサス
ニ居リ爰ニ初テ少シ手ヲ上ニ
伸シ我手先ヲ左エ充分ニ傾テ
受身ノ手ノ内平ノ方ガ我前ノ
地エ附樣ニ急ニ左ヘ捩ジテ投
左手ニテ手首ヲ摑ミ右膝ヲ脇
下エ突左足ヲ蹈開キ右手ノ拇
指ニテ獨鈷ヲ押乍ラ左手ヲ斜
ニ引直ニ左ノ手首ヲ頭ノ方エ
曲テ左膝ヲ乘セ右ノ手先ヲ咽
喉ノ處エ矢筈ノ如クニ掛タル
儘少シ手首ヲ上テ下ヨリ左手
ニテ左襟ヲ摑ミ小指ノ甲端ノ

小手返

方ヲ咽喉ニ掛ケ右手ニテ右襟ヲ掴ミ右足ヲ開キ此時モ初メ我立タル方ヘ向一文字ニナリ面ヲ右ノ爪先エ向テシメルナリ例ノ如ク相圖ヲ待テ手ヲ放シ殘心スベシ

一　頭捕　ヅドリ

此手合ノ形ハ中三間計リ隔テ直立ナシ互ニ聲ヲ懸テ進ミ行キ逢ヒタル際先ツ捕身ノ方ハ右手ノ指先ヲ伸シ掌ヲ受身ノ下頤エ掛ケ左足ヲ後ロヘ二尺余リ蹈開キナカラ体ヲ半身ニ成テ頤ヲ少シ押シ亦請身ノ者モ頤ヲ突レタル際左足ヲ後ヘ少シ開クベシ之ニテ捕身ノ方ハ左手ノ指先ヲ下ヘ向ケテ内平ノ方ヲ受身ノ袴腰ノ處ヘ當テ左足ヲ右足ノ踵ノ際迄ヨセ右足ヲ前ヘ三尺計リ踏込ミナガラ左リノ掌ニテ袴腰ヲ押シ右手ハ指先ヲ伸シタルマ、臂ヲ受身ノ臂中ヘ押シ附ル樣ニ爲シテ臂ヨリ指先迄眞直ニ立テ左右ノ膝ヲ前后ヘ開キテ我カ腰ヲ充分ニ下ケ受身ノ者ノ体ヲ仰向ニ倒レヌ樣右手ノ臂ニテシカト受留メ置キ次ニ左手ノ平ヲ受身ノ額ノ處ロヘ掛ケ(圖參照)少シ頭ヲ起ス樣ナシ右足ヲ左足ノ際迄引キ急ニ手ヲ放シテ受ノ体ヲ下ヘ落シ左足ヲ後ヘ三尺計リ蹈開キ右手ハ臂ヨリ指先迄眞直ニ立タルマヽニテ殘心スベシ但シ此形ハ始メヨリ終リ左リ向キニ一文字ニ成テ充分ニ腰ヲ下ケ進ムニモ退クニモ爪足ヲ左右ヘ蹈ミ開キテトルベシ

一連拍子　ツレビヨウシ

此手合ノ形ハ捕身ノ方ハ受身ノ右脇ヘ並ビ互ニ直立シテ聲ヲ掛ケテ共ニ五六尺計リ進行シ先ヅ捕身ノ方ハ左手ニテ受身ノ右ノ手首ヲ握リ乍ラ右足ヲ少シ受身ノ前ヘ蹈出シ右手ノ指ヲ延揃ヘ我左肩ノ邊ヨリ陰嚢ヲサシテ斜ニ切拔ヒ乍ラ左足ヲ斜ニ踏開キ其時左手ヲ腰ニ附テ引直ニ右手ノ平ヲ受身ノ左ノ肩ノ際ヘ當左足ヲ受ノ右足ノ脇ヘ蹈出シ左右ノ手ノユルマヌ様ニナシ左ノ爪先ヲ充分ニ外ヘ向テ右足ノ脛骨ノ裏ニテ受身ノ右足ヲ裏ノ方ヨリ拔テ倒シ右ノ膝ヲ脇腹ヨリ水月ノ邊ヘ掛テ乘セ腰ヲ下ケヌ様ニナシ右手ノ親指ヲ獨鈷ヘ掛ケ左手ニテ受ノ右手ヲ少シ引揚直ニ頭ノ際ヘ曲テ左

逆拍子一

足ノ爪先ニテ臂ノ曲リ際ヲ踏ミ左手ニテ右手ノ下ヨリ受ノ左襟ヲ拇指ヲ内ニシテ持ベシ此時受ハ左手ノ指ヲ延シ小指ノ附元ノ方ニテ捕身ノ烏兎ヘ打掛ベシ捕ハ右手ノ指ヲ延シテ親指ヲ開キ内平ヲ上ニ向テ曲際ヲ額ニ付テ受留メ則坐ニ摑ミ　一圖參照　内ヘネジテ受ノ右腰ニ附右足ヲ充分ニ後ヘ引キ少シ左ヘ寄テ膝ヲ突キ左足ヲ横ニ踏開キ乍ラ襟ハ我前ヘ引附手ハ右ノ脇ノ後ヘ充分ニ引付テ受ノ体ヲ手前ノ方ヘウツブセニ爲シ左手ニテ襟ヲ下ヘシカト押付右手ニテ腕ヲ

連拍子二

腰ノ際ヘ寄右足ヲ立テ爪先ノ小指ノ方ヲ臂ノ曲リ際ヘ掛受ノ手ノ平ヲ上ニ向体ニ付テ背ノ上ノ方ヘ充分ニ曲ケ右足ノ爪先ガ地ヲ離レヌ様ニシテ膝ヲ尺澤ノ邊ヘ乘セ腰ヲ下ケスニ左手ノ指ヲ伸シコバノ方ニテ獨鈷ヲ押シ乍テ右手ノ平ト受ノ右臂ヲ押ヘ(二)圖參照 曲リ際ヲ左手ニテ摑ミ右手ノ臂ヲ押ヘシナ摺ル様ニシテ手首迄下ケ其手ノ指先ヲ左ヘ向テ受ノ手首ヲ握リ下ヲ摺ル様ニ引寄左ノ手首ト深ク重ネ(三)圖參照)是ニテ臂ニ掛ケシ處ノ足ヲヌキ右膝ヲ肩際ヘ突キ臂足ヲ堅一文字ニ踏開キ右手

連拍子三

ヲ向ヨリ顎ニ掛ケ左手ヲ前ヨリ臂ノ下ヘ差シ込ミ右手ニテ右ノ顎ノ上ヲ持チ受ノ体ヲ右ヘ廻シテ起シ其ノ儘殘心スベシ

一 廻込《マワリコミ》

此手合ノ形ハ中三間程離レテ直立ナシ互ニ聲ヲ懸テ進ミ捕身ノ者行逢ヒタル時左手ニテ受身ノ右ノ手首ヲ摑ミ右手ノ指先ヲ伸シ我左肩ノ邊ヨリ受身ノ陰嚢ヲ目掛テ切拂ヒ乍ラ左手ニテ受身ノ腕ヲ高ク揚同

廻込一

時ニ左足ヲ左ノ後ヘ斜ニ蹈開テ腰ヲ充分ニ下ケ右手ノ内平ヲ上ニ向テ受ノ右ノ手首ヘ下ヨリ掛左手ヲ臂ヘ掛又左足ヲ受ノ右足ノ脇ヘ蹈出シテ爪先ヲ充分ニ外ヘ向（一圖參照）受ノ眼ヲ能ク見込乍ラ我体ノ中心ヲ崩サヌ様ニ意ヲ用ヒテ右足ヲ先キ達テ受身ノ腕ノ下ヲ廻リ直ニ右ノ爪先ニテ右ノ股ヲ蹴テ（二圖參照）右前ヘ斜ニ蹈開キ左膝ヲ右足ノ際ヘ送リ乍ラ我体ト共ニ受ノ体ヲ引落シ右前ヘ斜ニ蹈開キテ腕ヲ鈎固ニシテ面ヲ右ノ爪先ヘ向受身ノ者充分ニ

廻込二

利キタル時相圖ヲ爲左手ニテ疊ヲ打ヘシ捕ハ此時殘心ナス事例ノ如シ

一　柄碎《ツカクダキ》

此手合ノ形ハ中三間程離レテ捕身ノ方ハ腰ニ木太刀ヲ帶相方直立シテ聲ヲ懸互ニ進テ間三尺計リニ至リ先受身ノ者ハ右足ヲ少シ前ヘ蹈出シテ木太刀ノ柄ニ左右ノ手ヲ懸ルナリ捕身ハ此際左手ニテ鯉口ヲ握リ拇指ヲ鍔ヘ掛テ止メ受ハ直ニ左足ヲ後ヘ開クト共ニ木太刀ヲ引ベシ又捕身ハ受ガ引ニ

柄碎

續テ右足ヲ前ヘ蹈込乍ヲ右手ノ臂ヲ少シ張リ指ヲ伸シテコバノ方ニテ烏兎ヲ當直ニ下ヨリ柄頭ニ懸右足ヲ後ヘ一文字ニ踏開クト共ニ柄先ヲ右膝ノ處迄丸ク船底ナリニ引付(圖參照)腰ヲ充分ニ下ゲ受身ノ者ハ柄ヲ握リタル儘左足ヲ前ヘ蹈出シ捕身ノ者ハ右臂ヲ体ヘ付テ柄先ヲ我右ノ肩迄揚ケ腰ハ下ケタル儘右足ヲ左足ノ際迄寄セ受ハ此時ニ左足ヲ右足ノ際迄引又捕身ノ者ハ左足ヲ後ヘ一文字ニ踏開キ乍ラ受ノ手ヲ柄ニテ卷落ス樣ニシテ水月ノ邊ヘ突出スベシ受身ハ手ヲ放ス際右足ヲ後ヘ一文字ニ開クベシ捕ハ柄ニ手ヲ掛タル儘ニテ殘心スベシ

一 歸投 ガヘリナゲ

此手合ノ形ハ三間程離レテ直立シ互ニ聲ヲ發シテ進行捕身ノ者ハ受ト行逢タル時少シ左ヘ寄右足ヲ受身ノ後ヘ蹈出シ右手ニテ後襟ヲ摑乍ヲ後ヘ廻テ左足ヲ後ヘ開キ手ニテ引カヌ樣ニ唯腰ヲ少シ下

ケテ止メ受ハ蹴ノヲレタ餘左足ヲ後ヘ五六寸斜ニ踏下リ

又捕　左足ヲ右足ト竝テ右足ノ爪先ニテ左ノ草靡ヲ蹴テ（圖參照）直ニ膝ヲ右足ノ後ヘ付テ突キ左足ヲ横ニ一文字ニ開クト共ニ腰ヲ下ゲ乍ヲ右手ニテ襟ヲ下ヘ眞直ニ引落シ直ニ放シテ臂ヨリ指先迄眞直ニ立テ其殘儘心ナスベシ此形ハ務メテ指ヲ立ルニハ非ズ唯掌中ノ石ヲ地ヘ打付タル其力ノ勢ガテ自然ニハ子返ル樣ニ心得ベシ

一壁添拒　カベゾイフセギ

歸投

此手合ノ形ハ捕身ノ者ハ壁ヲ後ニシテ立受身ノ者ハ中三尺程離テ前ヘ立チ先互ニ掛聲ヲ發シ受身ハ右足ヲ前ヘ二尺五六寸蹈出シ左手ニテ下ヨリ腹帶ヲ持右手ノ指ヲ延シ拇指ヲ開キ咽喉ノ處ヘ矢筈ニ掛テ押ベシ捕身ノ者ハ咽喉ヲ押シ來ル手首ノ曲リ際ヲ左ノ臂ヲ少シ上テ下ヨチシカト摑ミ右手ノ臂ヨリ指先迄眞直ニ立甲端ノ方ヲ臂ヨリ少上ヘ掛テ右足ヲ一尺程開キ腹ヲ出シテ腰ヲ

壁添拒一

下ゲ乍ヲ体ヲ左ヘ向足ハ体ト共ニ踵ヲ少シ上テ左右ノ爪先ヲ左ヘ向尙又是ト同時ニ左手ニテ受身ノ手ヲ左ヘ逆ニ返シ右手ハ下ヘ押ヘル様ニナシテ受ノ体ヲ充分ニ崩シ右足ニテ受身ノ右足ヲ外ヨリ拂ヒ（一圖參照）倒シ右膝ヲ腕ノ附際ヘ突キ左足ヲ一文字ニ踏開キ左手ノ拇指ニ少シ力ヲ入テ受身ノ左ノ手首ヲ向ヘ返ス様ニシテ充分ニ延シ右手ハコバノ方ニテ少シ向ヘ摺ル様ニシテ

壁添拒二

押ヘ(二圖參照)面ハ左ヘ向テ追々ニシメルナリ

一腕挫《ウデシキ》

此手合ノ形ハ中三間程離レテ直立ナシ互ニ聲ヲ發シテ進行中三尺計リノ處ニ至リ受身ノ者右足ヲ一尺五寸計リ蹈出シ左右ノ手ニテ捕身ノ左右ノ前襟ヲ一處ニ寄セ右手ニテ摑ミ左足ヲ一尺五六寸計リ後ノ左ヘ斜ニ踏開キ乍ラ右手ニテ襟ヲ突出スナリ此時捕身ノ者ハ受ノ手ノ直下ノ處ノ我襟ヲ左手ニテ摑ミ左足ヲ左ノ後ヘ斜

腕挫一

メニ踏開キ乍ヲ左手ニテ襟ヲ引上右手ニテ受ノ手ノ甲ノ上ヨリ内平ノ方ヘ四指ヲ掛テ小指ニ力ヲ入テ我胸ノ方ヘシカト押付左手ニテ上ヨリ手首ヲ摑ミ左足ヲ受ノ右足ノ際ヘ蹈込右足ニテ陰嚢ヲ蹴上ケ（一圖參照）直ニ左足ノ開キ居タル方ヘ斜ニ蹈開キテ爪先ヲ充分ニ外ヘ向ケ乍ラ受ノ手ノ内平ヲ上ニ向テ腕ヲ逆ニ我左リ臂ニテ脇腹ノ間ヘ狹ミ込左ノ膝ヲ右足ノ際ヘ寄テ突キ乍ヲ

腕挫二

受ノ体ヲ柔ラカニ引寄セテ受ノ体ト我体ト竝フ樣ニ一度仰向ニナリ(二圖參照)夫ヨリ靜カニ起キ乍ラ右手ヲ受ノ右ノ手首ノ向ヘ上ヨリ掛左膝ヲ腕ノ附根ノ際ヘ突左手ノ拇指ノ元ノ少シ高キ處ヲ臂ノ少シ凹ミタル處ヘ掛ケ右足ヲ前ヘ斜ニ蹈開キ面ヲ右ノ爪先ノ方ヘ向釣固ニナシテ追々ニシメテ受身ガ相圖ヲ爲シタル時手ヲ放シテ殘心スヘシ

一諸　別　シヨベツ

此手合ノ形ハ中三、間計リ離テ直立シ互ニ聲ヲ懸テ進行キ間一尺五六寸計リノ處ニテ兩人共左ノ後ヘ斜ニ踏開キ捕身ノ者ハ左足ヲ受ノ眞後ニ蹈込乍ラ左ノ前襟ヲ左手ノ親指ヲ內ニシテ摑ミ又右足ヲ後ヘ踏込乍ラ右手ノ拇指ヲ上ニシテ受ノ右臂ノ骨ヨリ些カ上ノ細キ處ヲ持右足ヲ右前ヘ踏出シ乍ラ腕ヲ右ノ向ヘ斜ニ充分突キ延シテ(一圖參照)又右足ヲ左足ノ際ヘ寄セ此際一度突延シタル腕ヲ受

諸別一

諸別二

ノ頭ノ方ヘ曲ケ（二圖參照）左ノ方ヘ輕ク指先迄ナデ行乍ラ左ノ肩先ノ衣ヲ指先ニテ輕ク持左右ノ小指ノ方ヲ襟首ニシカト付左足ヲ後ヘ斜ニ蹈開キ次ニ右足ヲ横ヘ一文字ニ蹈開キ乍ラ腰ヲ下ルト共ニ受ノ体ヲ追々ニ下ヘ落ス樣ニナシ我左足ノ腕ヲ充分ニ伸シテ下ノ体ガ下ヘ附迄ニ充分ニ咽喉ノシマル樣ニナシ面ヲ左ヘ向受身ガ相圖ヲナシタル際手ヲ放シテ殘心ナスベシ

一大小捕《ダイシヨウトリ》

此手合ノ形ハ受身ノ者ハ大小ノ刀ヲ帶タル處ノ形ニシテ中三間計リ離レテ立足ナシ互ニ聲ヲ發シテ進行体ノ接近シタル時捕身ノ者ハ右手ハ太刀ノ柄左ハ小刀ノ柄ニ手ヲ掛ル心持ニテ左右共指先ヲ延拇指ヲ開キ右ハ胸骨ノ中程ニ付左ハ少シ脇ヘ掛左足ヲ右ノ後ヘ斜ニ蹈開キ（一圖參照）腰ヲ下ル此際受身ノ者ハ我刀ノ鍔ニテ水月ヲ押ス者ト見做シ左足ヲ少シ後ヘ開キ体ヲ崩ルヽナリ捕身ノ方ハ

腰ヲ下ケタル儘手ニテ押サヌ様ニ左足ノ爪先ヲ充分ニ外ヘ向テ受ノ右足ノ脇ヘ蹈出シテ受ノ右足ヲ外ノ方ヨリ右足ニテ拂ヒ倒シ直ニ右膝ヲ横腹ノ際ヘ突キ左足ヲ横ヘ斜ニ蹈開キ受ノ眼ヲ見込充分ニ氣相ヲ懸テ押ス心持ニナヌベシ（二圖参照）受身ノ者ハ此氣相ヲ懸ル時鍔ニテ水月ヲ充分ニ押當テラレタル者ト見成シテ相圖ヲナスベシ

此圖ハ木太刀ヲ帶タル處ナレ

大小捕一

𪜈平常稽古ヲ爲ス際ニハ受悪シキ故無腰ニテ形ナノミヲ捕ルベシ

太刀捕二

中段立合　拾四手終

投捨《ナゲステ》

一鐘木《シモク》

此手合ノ形ハ三間程離レテ直立ナシ互ニ聲ヲ懸テ進ミ行中三尺計ニ至テ互ニ立止リ面ヲ見込充分ニ氣合ヲカケ受身ノ者右ノ拳ヲ揚ケテ右足ヲ前ノ方ヘ二尺五六寸蹈出シ乍ラ捕身ノ頭上ヘ打掛ルナリ此際捕身ノ者ハ右足ヲ後ヘ三尺計リ一文字ニ踏開キ乍ラ左手ノ指ヲ延シ甲ノ方ヲ我額ノ上ニ附臂ヲ横ヘ張リ腰ヲ充分ニ下テ

鐘木一

膝ヲ左右ヘ開キ頭ヨリ腰迄柔ラカク眞直ニシテ打來ル手先ヲ我手ト十文字ニ受留メ（一圖參照）直ニ其手首ヲ摑ミ左右ノ爪先ト共ニ体ヲ少シク左ヘ向乍ラ右手ニテ右袖ノ附根ヲ下ヨリ摑ミテ（二圖參照）左手ノ方ハ些カ押心持ニナシ右手ノ方ハ些カ引ク心持ニ成シテ受ノ体ヲ少シク崩シ右足ニテ受ノ右足ヲ外ヨリ拂テ投左足ヲ横ヘ一文字ニ踏開キ乍ヲ受ノ手首ヲ少シ引ク心持ニナスベシ

鐘木二

一刈捨　カリステ

此手合ノ形ハ中三間計リ離テ直立ナシニ互聲ヲ懸テ進ミ中三尺ニ至リ受身ノ者ハ前ト同様ニ右手ニテ打掛ルベシ捕身ノ者ハ左足ヲ後ヘ三尺余一文字ニ蹈開キ乍ラ腰ヲ下テ右手ノ指ヲ延甲ノ方ヲ頭ニ付臂ヲ上テ打來ル手ヲ受留(一圖參照)眞ニ手首ヲ摑ミ腰ヲ下ケ

刈捨一

タルマヽ左足ヲ右足ノ際ヘ寄セ右足ヲ後ヘ一文字ニ踏開キヲ乍手首ヲ右ヘ腰ノ際ヘ引付受身ノ者ハ此際右足ヲ捕ノ前ヘ蹈出スベシ捕身ハ引寄タル受ノ体ヲ股ノ上ニ受ル様ニナシテ左手ノ平ヲ受身ノ左肩ノ上ヨリ前ヘ掛 一二圖参照 後ヘ体ヲ落ス様ニ投ルナリ

第拾二

一朽木倒　クチキタヲシ

此手合ノ形ハ中三間程離レテ直立シ互ニ聲ヲ發シテ進ミ受身ハ三尺計ノ處ニテ前同樣ニシテ打掛ルナリ此時捕身ノ者ハ右足ヲ受身ノ踏出シタル爪先ヘ踏込乍ラ腰ヲ下テ右手ノ平ニテ受身ノ右ノ乳ノ下ヲ上ヘ斜ニ突キ乍ヲ左手ニテ右膝ノ曲リ際ヲ拂テ（圖參照）倒スナリ此ノ投ハ我体ヲ飛込ムガ如クニナシテ其ノ体ノ勢ニテ倒スナリ

朽木倒

一腰車《コシグルマ》

此手合ノ形ハ中三間程離レテ直立ナシ互ニ聲ヲ掛テ進ミ受身ノ者ハ行逢タル時捕身ヲ見込デ左足ヲ捕身ノ右脇ヘ踏込横ニ腕共ニ体ヲ抱ヘルナリ(圖參照)捕身ノ者ハ右足ヲ受身ノ後ヘ充分ニ踏開キ腰ヲ下テ右手ノ指ヲ延シテ一度左ノ肩先ノ方ヘ充分ニ上ケ臂ニテ受身ノ水月ヲ當テ後ヘ倒シ其儘殘心ナスベシ

腰車

一横　車《ヨコグルマ》

此手合ノ形ハ中三間計リ離テ直立ナシ互ニ聲ヲ懸テ進ミ中三尺ニ至テ立止リ兩人共左足ヲ左ノ後ヘ斜ニ踏開キ受身ノ者ハ左足ヲ捕ノ右脇ヘ踏込ミ左手ニテ後ロノ帶ヲ取右手ニテ前帶ヲ取リ少シ腰ヲ下ル(一圖參照)捕身ノ者ハ右手ノ拇指ヲ下ニシテ受身ノ右襟ヲ

横車一

摑ミ○右足ノ踵ヲ踏付爪先ヲ右ヘ向左ハ爪先ヲ踏付踵ヲ揚ゲ体ヲ充分ニ右ヘ向乍ラ受ノ体ヲ崩シ此際受ハ右足ヲ少シ後ノ左ヘ寄ベシ又捕ハ受ノ体ヲ充分ニ右ノ方ヘ崩シテ左足ニテ受身ノ左足ヲ外ヨリ拂ヒ(二圖參照)右足ヲ後ヘ開キテ横一文字ニナルベシ

横車 二

一片胸捕　カタムナトリ

此手合ノ形ハ中三間計リ離レテ直立ナシ互ニ聲ヲ掛テ進ミ捕身ノ者ハ行逢ヒタル時左右ノ襟ヲ左右ノ手ニテ一處ニヨセ右手ニテ摑ミ左足ヲ左後ヘ斜メニ二尺七八寸計リ蹈開キ乍ラ右手ニテ少シク向フヘ押スヘシ請身ノ者ハオサレタル際左足ヲ斜メニ開キ左手ニテ捕身ノ右ノ手首ヲ下ヨリ摑ミ右ノ拳ヲ上ゲテ頭ヲ打ツベシ(一圖參照)此際捕身ノ方ハ腰

片胸捕一

ヲ下ゲテ左足ヲ受身ノ右足ノ脇ヘ蹈込乍ラ左手ノ指ヲ延シ甲ノ方ヲ我ガ額ノ上ニ付テ打來ル手ヲ十文字ノ如クニ受留メ直ニ手首ヲシカト摑ミ左足ノ爪先ヲ少シ外ヘ向テ右足ニテ請身ノ右足ヲ外ノ方ヨリ拂ヒ（二圖參照）投テ直ニ左足ヲ後ロヘ一文字ニ開キ乍ラ請身ノ右ノ手首ヲ少シ左リノ腰ノ方ヘ引クヘシ

片胸捕二

一手髪捕 タムサトリ

此手合ノ形ハ三間計リ離レテ直立ナシ互ニ掛聲ヲ發シテ進ミ受身ノ者ハ行逢タル際右手ニテ捕身ノ髪ヲ掴ミ乍ラ左足ヲ後ヘ斜メニ開クヘシ此際捕身ノ者ハ左リノ足ヲ受身ノ右足ノ脇迄蹈込ミ乍ラ左手ノ指ヲ伸シ甲ヲ上ニ向ケ受身ノ右ノ脇腹ヲ臂ニテ當ルナリ(一圖參照)直ニ左足ノ爪先ヲ外ノ方ヘ向テ左手ニテ受身ノ右袖ノ附根ヲ掴ミ右手ノ平ヲ左

手髪捕一

リノ乳ノ邊ヘ當右足ニテ受身ノ右ノ外ノ方ヨリ右足ヲ拂ヒ(二圖參照)投テ直ニ左足ヲ横ニ一文字ニ蹈開キテ少シ袖ヲ引ク心持ニナスヘシ但シ此ノ形ノ投ル處ハ始メ腰ヲ下テ臂ニテ脇腹ヲ當ルト左足ヲ蹈込ムト間合ノ違ハヌ様ニナスベシ次ニ左右ノ手ヲ掛ケルト右足ヲ拂フトノ間合モ違ハヌ様ニ心ヲ用ヰテ一時ニナサザレバ投難キモノト知ルベシ

手髪圖二

一小具足《コグソク》

此手合ノ形ハ請身ノ者ハ左リニ小太刀ヲ帯シ中三間計リ離レテ直立ナシ互ニ聲ヲ掛テ進ミ間ダ三尺計リノ處ニ至リ請身ノ者右手ヲ小太刀ノ柄ニ掛右足ヲ前ヘ蹈込ミ乍ラ拔キ打ニ捕身ノ頭上ヘ切付ルナリ此際捕身ノ方ハ右手ノ指ヲ延シ臂ヨリ眞直ニ立テ右足ヲ請身ノ右足ノ脇ヘ踏込ミ乍ラ切付ル刀ヲ除ル心持ナク腕ト腕トスリ違フ樣ニナスベシ（一圖

小具足一

參照）而シテ少シク腰ヲ下ゲタルマヽ左足ヲ靜ニ右足ノ際ヘヨセテ次ニ右足ヲ後ヘ一文字ニ蹈開キ乍ラ右手ニテ請身ノ右腕ヲスル樣ニ我ガ右ノ腰ノ方ヘ引キ手首ヲシカト摑ミ亦此レト同時ニ左手ニテ腕ヲ上ヨリ抱ク樣ニシテ手首ヲ摑ミ（一圖參照）腕ヲ左リノ臂ニテシカト狹ミ右手ニテ小太刀ノ柄先ヲ持右ノ膝ヲ突テ左右ヘ引キ分ル樣ニシテ請ノ体ヲ左リノ後ヘ倒スナリ此時右手

小具足二

ハ小太刀ヲサカニ持左手ハ直ニ我陰嚢ノ處ヘ當ベシ

一腰刈捨　コシカリステ

此手合ノ形ハ中三間計リ隔テ直立ナシ互ニ懸聲ヲ發シテ進ミ請身ノ者ハ行逢タル時右手ニテ捕身ノ右ノ手首ヲ摑ミ左手ヲ添テ右足ヲ後ヘ充分ニ開キ乍ラ手首ヲ引クナリ（一圖參照）此際捕身ノ方ハ請身ノ者ガ我ガ手ヲ引ク力ヲニ順テ手先ヲ伸シ乍ラ右足ヲ請身ノ

腰刈捨

後ヘ充分ニ蹈込ミ腰ヲサゲテ我体ヲ請ノ体ヘ柔ラカテ附右手ノ平ノ方ヲ後ヘ向テ請身ノ腰ヘ巻付ル様ニナシ我ガ中心ノ崩レヌ様ニ腹ヲ少シ前ヘ出シナガラ請身ヲ後ヘ投ルナリ此時腕ニ強ク力ヲ入ヌ様ニナスヘシ

一獨　鈷　トツコ

此手合ノ形ハ中三間計リ隔テ直立ナシ互ニ掛聲ヲ發シテ進ミヨリ捕身ノ者ハ左足ヲ請身ノ右足ノ後ヘ踏込ミ乍ラ左手ノ平ニテ請身ノ左リ耳ヲ輕ク打乍ラ直後ヘ廻リ亦右ノ手ニテ右耳ヲ打其マヽ左右ノ手ノ指先ヲ頤ノ下ヘ掛テ足ヲ左右ヘ踏開テ腰ヲ下乍ラ左右ノ臂ヲ請身ノ背骨ノ處ヘ急ニ押シ付ル様ニナシテ指先ヲシカト上ヘ向請ノ体ヲ充分ニ崩シ右手ニテ少シク頸ヲ左リヘ向左手ノ平ヲ頤

ノ下ヘ掛右ノ掌ニテ肩ノ邊ヨリ手首迄ナデサゲテ手首ヲシカト摑ミ請身ノ掌ガ後ヘ向樣ニナシ（圖參照）右足ヲ後ノ左ノ方充分ニ踏開キテ投ルナリ此投ル處ハ少シモ手ニ力ヲ入ヌ樣ニシテ我体ヲ後ヘ廻リ乍ラ只手ノ内ノ物ヲ下ヘ落ス心持ニテ輕ク柔ラカニ掌ヲ返シテ投ヘシ

鈷

一小手返　コテガヘシ

此手合ノ形ハ三間計リ離レテ
直立ナシ互ニ聲ヲ掛テ進ミ請受
身ノ者カ我前ヘ捕身ノ者ガ近
付タル際右足ヲ少シ前ヘ進ア手
捕身ノ左右ノ手首ヲ左右ノ手
ニテ摑ムナリ（圖參照）此時捕污
身ノ方ハ左足ヲ少シ斜ニ開キ
乍ラ右手ノ指先ヲ我左リ手ノ一
肩ノ邊ヘ向ルト同時ニ臂ヲ請
身ノ顏ノ方ヘ張レバ自然ト手

ガ放レル故直ニ指ヲ伸シタルマ、掌ノ甲端ノ方ニテ烏兎ヲ當ルト同時ニ左リノ臂ヨリ指小先迄眞直ニ掌ヲ我方ヘ向テ上(二圖參照)右手ニテ左リノ手平首ニ掛居ル受ノ右手ノ掌ヲ持次ニ左手モ右手ト同樣ニ掌ヘ掛其マ、左リノ後ヘ充分ニ廻リ請身ノ左リ脇ヘ並ブ樣ニ踏二開キテ請身ノ掌ノ左リヘ逆ニ返シテ投直ニ手ヲ放スナリ

一 引落　シキヲトシ

此手合ノ形ハ三間計リ離レテ直立ナシ互ニ聲ヲ懸テ進寄請身ノ者近附タル時左右ノ手ニテ捕身ノ左右ノ襟ヲ一ニナシ右手ニテ絞ニ取リ左足ヲ斜メニ開キナガラ右手ニテ少シヲスヘシ此際捕身ノ方ハ左手ニテ受身ノ右ノ手首ヲ下ヨリシカト掴ミ左足ヲ左リノ後ヘ斜メニ三尺計リ蹈開キナガラ右手ヲ延揃ヘ甲端ノ方ニテ受身ノ鳥兎ヲ當テ（二圖參照）直ニ

引落（二）

甲端ヲ右ノ尺澤ヘ掛テ少シ腰ヲ下ナガラ尺澤ヲシカト押付此時受身ノ者ハ右膝ヲ前ヘツクヘシ(二圖參照)捕身ノ方ハ其マヽ右足ヲ左足ノ踵ノ際ヘヨセテ次ニ左足ヲ左リ方ヘ斜メニ蹈開キナガラ左手ニテ我襟ヲ持右手ノ甲端ニテ尺澤ヲ押テ落スヘシ此時受身ノ者ハ手ヲ引ルヽニ順テ仰向ニ倒レル者トス

引落二

一手操 タグリ

此手合ノ形ハ中三間計リ離テ直立ナシ互ニ掛聲ヲ發シテ進行受身ノ者ハ行逢タル際左右ノ手ニテ捕身ノ左右ノ前襟ヲ一處ニ寄セ左手ニテ摑ミ右足ヲ後ヘ開キ右手ヲ延ス捕身ノ者ハ左足ヲ横ニ踏開キ右手ノ指先ヲ延シ臂ヲ受身ノ左手ノ尺澤ノ邊ニ深ク懸（圖參照）右膝ヲ突乍ラ急ニ臂ニテ腕ヲ下ヘ押付腰ヲ下テ横一文字ニナリ受身ノ方ハ腕ヲ下ヘ押シ

手操

タル時右足ヲ少シ後ノ左ノ方ヘ寄セテ蹈ベシ捕身ノ方ハ臂ヲ掛タル儘手先ヲ受ノ腰ト脇腹トノ間ヨリ後ヘ廻シア背ノ紋處ヲ摑左手ノ平ニテ膝ノ裏ノ方ヲ拔ヒ乍ラ右手ニテ下ヘ引落シ倒スベシ

一捨身《ステミ》

此手合ノ形ハ中二三間隔テ直立成シ互ニ聲ヲ懸捕身ノ方ハ受身ノ前迄進行左右ノ手　ニ受身ノ左右ノ前襟ヲ一處ニ寄

捨身

テ右手ニテ摑ミ左手ニテ前帶ヲ下ヨリ握リ右膝ヲ前ヘ突キ乍ラ左手ハ少シ引右手ハ少シ押テ受ノ体ヲ崩シ(圖参照)左足ヲ受身ノ左右ノ足ノ間ヘ深ク蹈込次ニ右足ヲ踏込乍ラ急ニ上向ニ寐テ右手ハ頭ノ方ヘ引左手ニテ突揚ル樣ニナシテ投ル此際早ク手ヲ放シテ右足ヲ延シタルマヽ左ヘ起テ左膝ヲ突キ右足ヲ横ニ踏開キ受身ノ投ラレテ行方ヲ見テ殘心スヘシ

一下リ藤《サガリフヂ》

此手合ノ形ハ受身ノ右脇三尺計リ離レテ受身ノ方ヘ向又受身ノ者ハ堅ニ向互ニ聲ヲ懸テ受身ノ方ハ左足ヲ左ヘ一文字ニ踏開キ捕身ノ方ハ右足ヲ後ヘ一文字ニ踏開キ次ニ右足ヲ受身ノ右足ノ少シ後ノ處ヘ蹈込乍ラ右手ヲ受身ノ右腕ト脇腹ノ間ヘ差込後ノ紋處ヲ摑

ミ左手ニテ左ノ前襟ヲ小指ヲ上ニシテ握リ我体ノ中心ヲ崩サヌ様ニシテ受身ヲ少シ返ラセル様ニ前ノ方ヘ引付受ノ体ガ充分ニ崩レタル處ニテ(圖參照)柔ヲカニ又元ノ如ク起シ乍ラ額ヲ受身ノ胸部ニ寻其儘上向ニ寐テ左右ノ手ヲ延シテ投ル時手ヲ早ク放シ受身ノ投リテ行タル方ヘ眼目ヲ附乍ヲ左足ヲ少シ縮メ右足ヲ延シテ踏立横一文字ニ起ルナリ

下リ藤

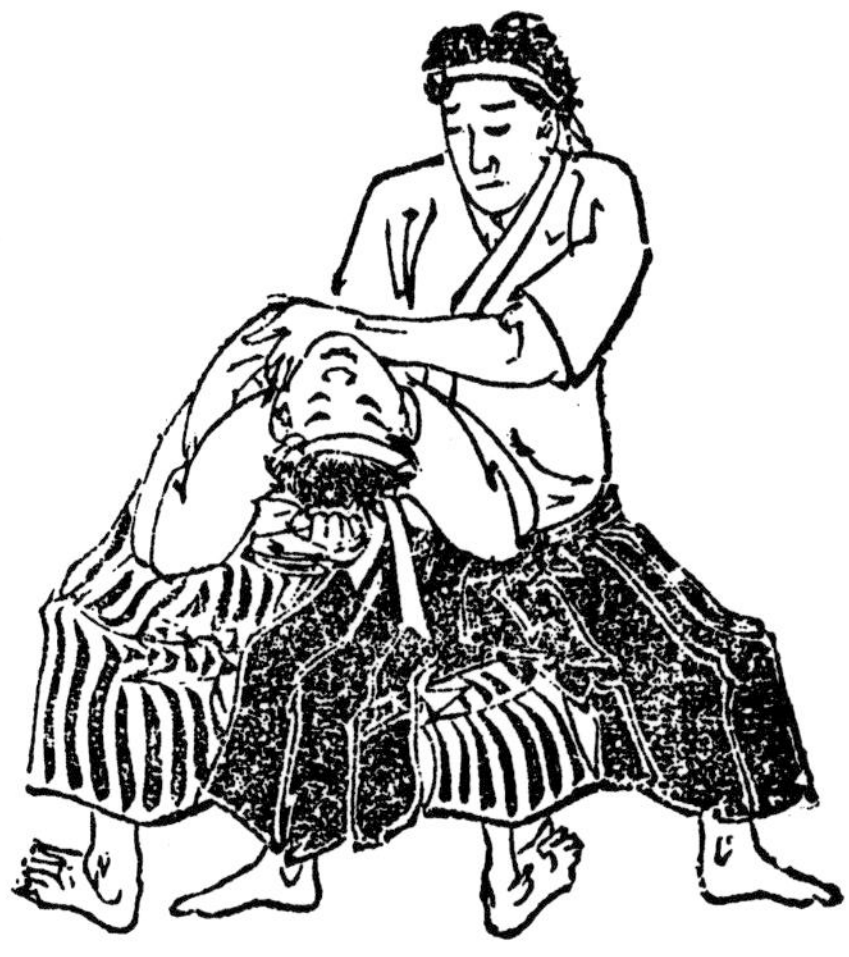

一腕緘　ウデガラミ

此手合ノ形ハ中三間計リ隔テ直立ナシ互ニ聲ヲ懸テ進中三尺ニ至リ受身ノ者ハ右ノ拳ヲ揚テ右足ヲ前ヘ蹈出シ乍ラ捕身ノ頭ヘ打掛ル捕身ノ方ハ右足ヲ後ヘ蹈開キ乍ラ左手ノ指ヲ延シ親指ヲ開キ頭ヘ付テ平ノ方ニテ受留直ニ手首ヲシカト握リ右足ヲ受身ノ右脇ヘ蹈込乍ラ左手ニテ手首ヲ向ヘ少シ押シテ右手ノ指先ヲ延揃ヘ受身ノ腕ノ下ヨリ向ヘ廻シテ

腕緘

耳ノ脇ヘ出シ手首ノ上ヘコバノ方ヲ掛テ手先ニ力ヲ入レヌ様ニナシ腰ヲ下ケテ自然ト受身ノ中心ヲ崩スベシ(圖參照)此時受身ノ者ハ充分ニ答ヘタル處ニテ相圖ヲ打ナリ

一矢筈《ヤハズ》

此手合ノ形ハ中三間計リ隔テ直立シ互ニ聲ヲ懸テ進ミ捕身ノ方ハ行逢タル際左手ニテ受身ノ右ノ手首ヲ摑ミ右手ノ指ヲ延シ拇指ノ腹ヲ獨鈷ヘ當左足ヲ後ヘ斜ニ開キ乍ラ手首ヲ我左ノ腰ノ際ヘ引付ケ獨鈷ヲ斜ニ押シテ腰ヲ充分ニ下ゲル(圖參照)此際受身ノ者ハ左手ノ平ニテ獨鈷ヘ掛タル捕ノ手ヲ脇ヘ拔フヘシ捕身ノ方ハ拂ハレタル右手ノ指先ヲ延シタルマヽコバノ方ヲ受身ノ右腕ノ附根ト臂ノ曲リメトノ中程ヘ掛腰ヲ下テ手首ヲユルメヌ様ニ引タルマヽ左

足ヲ受身ノ右足ノ脇ヘ爪先ヲ外ヘ向テ蹈出シ乍ヲ右手ノ方ヲ少シ押シ附テ受身ノ体ガ充分ニ崩レタル處ヲ右足ニテ受身ノ右足ヲ拂ヒ直ニ膝ヲ突キ左足ヲ左ノ後ヘ踏開キ乍ヲ手首ヲ左ノ腰ノ際迄引寄テ投其儘殘心スヘシ此形ハ我始メニ直立シタル方ヘ向テ横ニ一文字ニナルト心得ベシ

矢筈

一兩手捕《リヨウテドリ》

此手合ノ形ハ中三間計リ隔テ直立ナシ捕身ノ方ハ受身ノ前迄進ミ行受身ノ者ハ少シク右足ヲ開キテ捕身ノ左右ノ手首ヲシカト握ルヘシ此際捕身ノ方ハ左右ノ指先ヲ延シテ腰ヲ下ケ乍ラ地ヘ附位ニ体ノ力ニテ下ヘ突キ左ノ膝頭ニテ受身ノ左手ノ尺澤ヲ押シテ取リ（一圖參照）直ニ左ヘ廻テ受身ヲ背後ニソ左膝ヲ突キ乍ラ左手ノ指ヲ延タルナリ内平ヲ上

兩手捕　一

ニ向テ手首ヲ握リ右手ニテ受身ノ右ノ肩先ヲ摑横一文字ニ蹈開キ(二圖參照)腰ヲ下タルマ、受ノ右腕ヲ前ヘ引投テ直ニ腕ヲ我胸部ノ方ヘ引揭ケルナリ此際受身ノ者ハ投ラレテ起上ルニ非ス左手ノ平ニテ下ヲ打テ止ルベシ此形ノ投ニ手ヲ放ス人モ在レトモ流祖ノ掟ニ依ル時ハ投テ直ニ手前ノ方ヘ引上ケルヲ宜シトス

両手捕 二

○兩柄捕リ《ロウツカトリ》

此手合ノ形ハ中三間計リ隔テ捕身ノ方ハ木太刀ヲ帶テ直立ナシ互ニ掛聲ヲ發シテ進寄リ受身ノ者ハ兩手ニテ木太刀ノ柄ヲ握リ右足ヲ一尺五六寸計リ後ヘ開クヘシ此際捕身ノ方ハ左手ニテ木太刀ヲ握リ其拇指ヲ鍔ノ上ニシカト掛テ右足ヲ一尺五寸計リ前ヘ蹈出シ乍ラ右手ノ指ヲ延シ甲端ノ方ニテ少シ臂ヲ張テ烏兎ヲ留(圖參照)直ニ柄頭ヲ摑ミ右足ヲ

兩柄捕

後ノ方ヘ堅一文字ニ蹈開キ乍ラ柄先ヲ右膝迄引キ附ル此際受身ノ者ハ右足ヲ捕身ノ前ヘ蹈出スヘシ又捕身ノ方ハ左手ノ平ヲ左ノ肩先ヨリ前ノ方ヘ懸右手ニテ柄先ヲ急ニ右ノ肩先迄揚ルト同時ニ左手ニテ受身ノ体ヲ後ヘ落シテ其儘残心スヘシ

○後捕　ウシロトリ

此手合ノ形ハ受身ノ者ハ捕身ノ後ヘ立テ互ニ聲ヲ懸右足ヲ右ノ前ヘ少シ斜ニ蹈出シテ捕身ノ左右ノ手ノ上ヨリ抱ヘルナリ捕身ノ方ハ体ヲ柔カニシテ左足ヲ少シ左ヘ寄右足ヲ受身ノ左ノ方ヨリ後ヘ充分ニ横一文字ニ踏開キテ腰ヲ下此際受身ノ者右足ヲ少シ後ロヘ下ルナリ捕身ノ方右手ノ指先ヲ伸シ甲ヲ上ニ向テ左ノ肩ノ方ヘ

充分ニ上ケテ（圖參照）受身ノ水月ヲ臂ニテ當テ倒シ其儘殘心スベシ但シ當ル時ニ押ス心持ケ無キ樣唯氣相ニテ當タル臂カ自然トハ子返リタルガ如キ形ニナスベシ此形ノミナヲズ總テ當ルモ蹴ルセ皆同樣ト心得ベシ

投捨　二拾手終リ

後捕

試合裏

○試合口　三手

別レノ捕様ハ中三間計リ離レテ直立ナシ互ニ聲ヲ懸テ進ミ兩人トモ行逢ヒタル際左足ヲ後ヘ斜メニ蹈開キテ充分ニ面ヲ見込ミ捕身ノ方左足ヲ請身ノ右足ノ脇ヘ五六寸離レテ蹈込ミ左手ニテ左リノ前襟ヲ掴ミ右手ニテ右ノ前襟ヲ掴ミ(一圖參照)左足

別レ一

ノ爪先ヲ左リノ外ヘ向ケテ少シク腰ヲ下ゲ乍ラ左腕ヲ伸シ小指ノ方ニテ咽喉ヲオス様ニナスト同時ニ右手ニテ右襟ヲ少シク引テ受身ノ全体ヲ充分ニ崩シ右足ニテ右足ヲ外ノ方ヨリ拂ヒ仰向ニ倒シテ直ニ左膝ヲ右ノ肩ノ際ヘツキ右足ヲ横ニ蹈開キ頭ヲ倒レタル詰身ノ胸ノ邊ヘ付ケ(二圖參照)左右ノ手ニテ左右ノ襟ヲ引キ別ケテ充分ニシメルナリ之ニテ受身ノ方ハシマリタル時相圖ヲナシ亦捕身ノ方ハ左右ノ手ヲ放シテ殘心ナスベシ

別レ二

○横車之事

横車ノ捕樣ハ前ト同樣ニ直立シテ互ニ聲ヲ懸テ進ミ兩人共行逢ヒタル際ニ足ヲ後ヘ斜メニ蹈開キテ面ヲ見込ミ捕身ノ方左足ヲ請身ノ右足ノ右脇ヘ五六寸離レテ踏込ミ左手ニテ左リノ前襟ヲ摑ミ右手ニテ背ノ紋處ヲ摑ミ左足ノ爪先ヲ左リノ外ヘ向ケ乍ラ少シク腰ヲ下ゲルト同時ニ左右ノ腕ニ少シク力ヲ入ル心持ニシテ臂ヲ横ヘ張リ請身ノ体ヲ崩シ右足ニテ右足ヲ外ノ方ヨリ拂ツテ

横車

受身ヲ横向ニ倒シ直ニ右膝ヲツキ左足ヲ横ヘ踏開キ我ガ頭ヲ倒レタル受身ノ頭ノ後ヘ付(圖參照)其ノマヽ左右ノ臂ニテ引キ分ル樣ニシテ充分ニシメ相圖ヲナシタル時手ヲ放スベシ

突込

○突込崩之事

突込ミノ捕樣ハ前ト同樣ニ直立ナシ互ニ聲ヲ懸テ進ミ行逢ヒタル際捕身ノ方ハ左手ニテ請

身ノ右ノ肩ヨリ五六寸計リ下リタル處ノ前襟ヲ摑ミ亦右手ニテモ同樣ニ左襟ヲ摑ミ左足ヲ後ヘ斜メニ二尺余リ踏開キ少シク腰ヲ下テ右手ニテ左リノ前襟ヲ咽喉ノ處ヘ卷付ル樣ニ右襟ノ內ノ方ヨリ頸筋ノ右脇ヘ充分ニ押入レ(圖參照)左手ニテ右襟ヲシカト引キ乍ラ右手ニテ左リ襟ヲ押シ上テシメルナリ是ニテ相圖ヲナシタル時左右ノ手ヲ放シ殘心ナスベシ

○別レ崩シノ事　　三手

此ノ別レノ先ノ崩樣ハ受身ノ方ハ別レニ捕ベシ又捕身ノ方ハ左手ニテ我左ノ前襟ヲ摑ミ右手ノ指先迄眞直ニ伸シテ右足ヲ少シ前エ

踏出シ乍ラ受身ノ左手ノ上ヨリ向ヘ斜ニシカト乗セ（圖參照）我全体ニテ少シ押ス樣ニナシ受身ノ腕ノ少シ弱クナリシ時左手ニテ襟ヲ引放スベシ

同　貳本目ノ崩

此形ノ崩樣ハ先試合口第一ノ形ノ如ク互ニ進寄テ斜ニ開キ受身ノ方ヨリ別レニ捕リシカトシメルナリ捕身ノ方ハ左手

別レ崩一

ニテ我ノ前左襟ヲ摑ミ右手ノ臂ヨリ指先迄眞直ニ立小指ノ方ヲ上ヱ向テ我右耳ノ際ニ寄セ受身ノ左リ肘ノ際ヱシカト押付(圖參照)右足ヲ少シク前ヘ斜ニ踏出シ乍ラ腰ヲ下テ我全体ノ力ニテ受身ノ腕ヲ向ヱ押シ左手ニテ襟ヲ引放スベシ

同　三本目崩

此形ノ崩様ハ受身ノ方ハ前ト

別レ崩二

同ジク別レニ捕エ捕身ノ方ハ右手ヲ上ニシ左手ヲ下ニシテ我左ノ前襟ヲ摑ミ（圖参照）右足ヲ少シ前エ斜ニ踏出シ乍ラ全体ノ力ニテ請身ノ左リ腕ヲ斜ニ押シテ腕ノ少シク弱クナリタル所ニテ右ノ肩先ヲ動カサヌ様ニ左右ノ手ニテ襟ヲ左ノ方ヘ引放スナリ

別レ崩三

○横車崩之事　三　手

初ノクヅシ様ハ受身ノ方ハ試合口第二ノ形ノ如ク横車ニ捕捕身ノ方ハ右手ノ臂ヨリ指先迄眞直ニ伸シ受身ノ右腕ヱ内ノ方ヨリ臂ト指先トノ中程ヲ押當テ左手ニテ我左ノ前襟ヲ摑ミ（圖參照）右足ヲ斜ニ踏出シ乍ヲ腰ヲ下ゲ同時ニ全体ノ力ニテ受身ノ腕ヲシカト押シ少シククヅレタル處ニテ左手ニテ襟ヲ引放スベシ

横車崩一

同　二本目崩

次ノ崩シ様ハ受身ノ方ハ前ト同シク横車ニ取リ捕身ノ方ハ右足ヲ少シ右ヘ寄セ左モ少シ前ヘ出体ヲ少シク受身ノ方ヘ向ケ左右ノ手ノ平ヲ受身ノ兩臂ヘ掛指先ヲ左右ノ外ノ方ヘ向テ我体ヲ充分ニ下ゲ乍ラ兩臂ヲ少シ押上テ受身ノ兩腕ヲ充分ニ弱クシテ右手マテ左臂ヲ向ヘ押返シ乍ラ左手ノ方ヲ少シクユルメルナリ例ヘハ皿ニ盛リタル物ヲ向フヘ明ル様ニナスベシ

横車崩二本目

同　三本目崩

三本目ノ崩シ様ハ前ノ如ク橫車ニ取リ捕身ノ方ハ左右ノ肩先ヲ少シ低クシテ臂ヲ後ヘ引手先ヲ上ゲテ受身ノ右手ノ甲ヘ平ヲ掛テ先指ヲ內平ノ方ヘ掛ケ左手ニテ同シ手首ヲ摑ミ（圖參照）左足ヲ右足ノ少シ前ノ方ヘ寄セ右足ヲ後ヘ斜ニ大キク踏開キ乍ラ受身ノ腕ヲ臂ト脇腹ノ間ヘ狹ミ手ノ平

橫車崩三本目

ヲ上ニ向ケル樣ニ成シ我中心ヲクヅサヌ樣ニソ腰ヲ充分ニ下テ受身ノ腕ヲ挫クナリ是ヲ腕挫ト云フ

○突込崩之事　三手

此形ノクヅシ樣ハ始ハ捕身ノ方ハ壁ヲ後ロニソ立受身ノ方ハエ立試合口第三ノ形ノ如ク突込ミ取ルベシ捕身ノ方ハ左手ニテ我左ノ襟ヲ摑ミ右手ノ指

突込崩二

ヲ伸シテ手ノ甲端ノ方ヲ受身ノ突出ス腕ノ曲リ際ヘ掛ケ（圖參照）左足ヲ少ン開キ乍ラ腰ヲ下テ左手ニテ襟ヲ引キ右手ニテ左ノ下ノ方ヱ押切ルナリ

同　二本目崩

次ノクヅシ方ハ受身ハ前ノ如ク摑取リ捕身ノ方ハ左手ヲ伸シテ受身ノ後帶

突込崩シ〃本目一

ヲ摑ミ(二圖參照)右足ヲ少シク開キ乍ラ腕ヲ下テ我全体ト共ニ壁ノ方エ受身ノ体ヲ帶ヲ持テ引附同時ニ右手ノ指先ヲ伸シテ甲端ノ方ニテ兎烏ヲ當ルナリ(二圖參照)

同　三本目

三本目ノ崩シ様ハ受身ノ方ハ前ノ如ク突込ニ取リ

突込崩二本目二

捕身ノ方ハ右手ニテ我右襟ヲ持テ上ノ方ェ引左手ノ平ヲ受身ノ左手ノ甲ェ掛指先ヲ内平ノ方ェシカト曲テ持（一圖參照）右手ニテ同手首ヲ拇指ヲ下ニシテ握リ右足ノ爪先ニテ受身ノ右足ノ膝先ヲ内ノ方ヨリ向ェ蹈切リ（二圖參照）左足ヲ少シク後ェ

突込崩三本目一

開キ受身ノ腕ヲ臂ト脇腹ノ間ニ狹ミ我体ヲ下テ捻クナリ受身ノ方ハ蹈返サレタル膝ヲ直ニ下エ突クベシ但シ此崩シ樣ハ左右共同樣ニ取ルベシ

○眞之位崩之事　三手

此形第一ノ崩シ樣ハ初ハ捕身ノ方ハ上向ニ寐テ受身ノ方ハ左膝ヲ頸ノ右脇

突込崩三本口二

ヘ突右足ヲ開キ左手ニテ左ノ前襟ヲ摑ミ右手ニテ右腕ヲ抱エ即チ眞之位ノ形ノ通リニ捕ヘルナリ捕身ノ方ハ左手ニテ受身ノ兩襟ヲ摑ミ(一圖參照)右足ヲ少シ受身ノ方エ寄テ膝ヲ立左足ノ甲ノ方ヲ受身ノ右膝ノ曲リ際エ掛テハ子上乍左手ニテ襟ヲ急ニ引キ付受身ノ体ヲ左ノ方ヘ投テ直ニ起キ上リ右膝ヲ突キ左足ヲ左

眞之位崩一號一

ノ少シ前ノ方ヘ蹈開キ左手ニテ受身ノ左ノ手首ヲ摑ミ右手ノ指先ヲ伸シテ甲端ノ方ヲ受身ノ左臂ヨリ少シク上エ掛テ（二圖參照）右膝ヲ左足ノ際ヘ寄セルト同時ニ右手ノ甲端ニテ臂ヨリ手首迄摺リ乍ラ手首ヲ左足ノ際迄引寄セ此際受身ノ方ハウツ

眞之位 卅一號 二

ブヒニナリ捕身ノ方ハ右膝ヲ突キタル儘左足ヲ左リノ少シ前ヘ踏開キ体ヲ眞直ニ起キ乍ラ左手ハ受身ノ手首ヨリ直ニ我襟ヘウツリ(三圖參照)右手ハ巾端ノ方ニテ手首ヲ下ヘ押落スナリ

眞之位卅一號三

同　二本目崩

次ノ崩シ様ハ受身ノ方ハ前同様眞之位ニ取リ捕身ノ方ハ左手ノ平ニテ受身ノ右ノ肩先ヲ一反シ押上ゲ直ニ右ノ手先ヲ後ヨリ右ノ肩先ヘ出シ左手ニテ指先ヲ摑ミ(圖參照)急ニ左ノ方ヘ引附ケテ投返シ乍ラ起上リ右膝ヲ突キ左足ヲ踏開キ是ヨリ前ノ形ト同シ様ニ受身ノ腕ヲ引寄テ放スナリ

眞之位崩二號

同　三本目崩

三本目ノ崩シ樣ハ受身ノ方ハ前ト同シク眞之位ニ取リ捕身ノ方ハ左手ノ指先ヲ受身ノ左手ノ甲ヨリ内平ノ方ヘ曲ゲ掛テシカト摑ミ右足ヲ一反シ上テ（一圖參照）下ゲルハズミニ頭ノ方ヨリ起ル樣ニナシテ急ニ体ヲ左ヘ廻リ腕ノ下ヲ拔ケテ受身ノ方ヘ向テ起上リ右膝ヲ突左足ヲ横ヘ蹈

眞之位崩三本目一

開キ左手ニテ我襟ヲ摑ミ右手ノ指先ヲ伸シ甲端ノ方ニテ受身ノ手先ヲ下ヘ押落スナリ（二圖參照）

○居別崩之事　三手

此形ノ始メノ崩シ樣ハ先捕身ノ方ハ上向キニ寐受身ノ方ハ捕身ノ右ノ手先ヲ頭ノ方ヘ曲テ我左リ膝ノ下ニ成シ右足ヲ横ニ蹈開キ左手ニ

眞之位崩三本目二

テ左ノ襟ヲ摑ミ右手ニテ右襟ヲ引キテ眞之位ノ形ノ樣ニナスナリ此形ヲ居別ト云フ捕身ノ方ハ左手ニテ受身ノ兩襟ヲ摑ミ（一圖參照）少シ押シ上ゲテ急ニ我左ノ方ヘ引キ乍ラ右手ニテ膝ヲハヲ上ゲ我体ノ上ヲ越シテ投直ニ起上リ右膝ヲ突左足ヲ左ノ少シ前ヘ蹈開キ左手ニテ受身ノ左ノ手首ヲ持右手ノ指ヲ伸シテ甲端ノ方ニテ受身ノ臂ノ邊ヨリ手首迄スリ寄セ乍ラ右膝ヲ左

居　別　崩　一　號

足ノ際ヘ寄セ左足ヲ開キテ我体ヲ眞直ニ起キ乍ラ左手ニテ襟ヲ摑ミ右手ノ甲端ニテ切落スベシ

同　二本目崩

次ノクヅシ樣ハ受身ノ方ハ前ノ如ク居別ニトリ捕身ノ方ハ左手ニテ受身ノ左右ノ襟ヲ摑我胸ノ方ヘ一度引付テ（一圖參照）急ニ頭ノ方ヘ押シ返シテ倒シ直ニ起上テ左膝ヲ

居別崩二號一

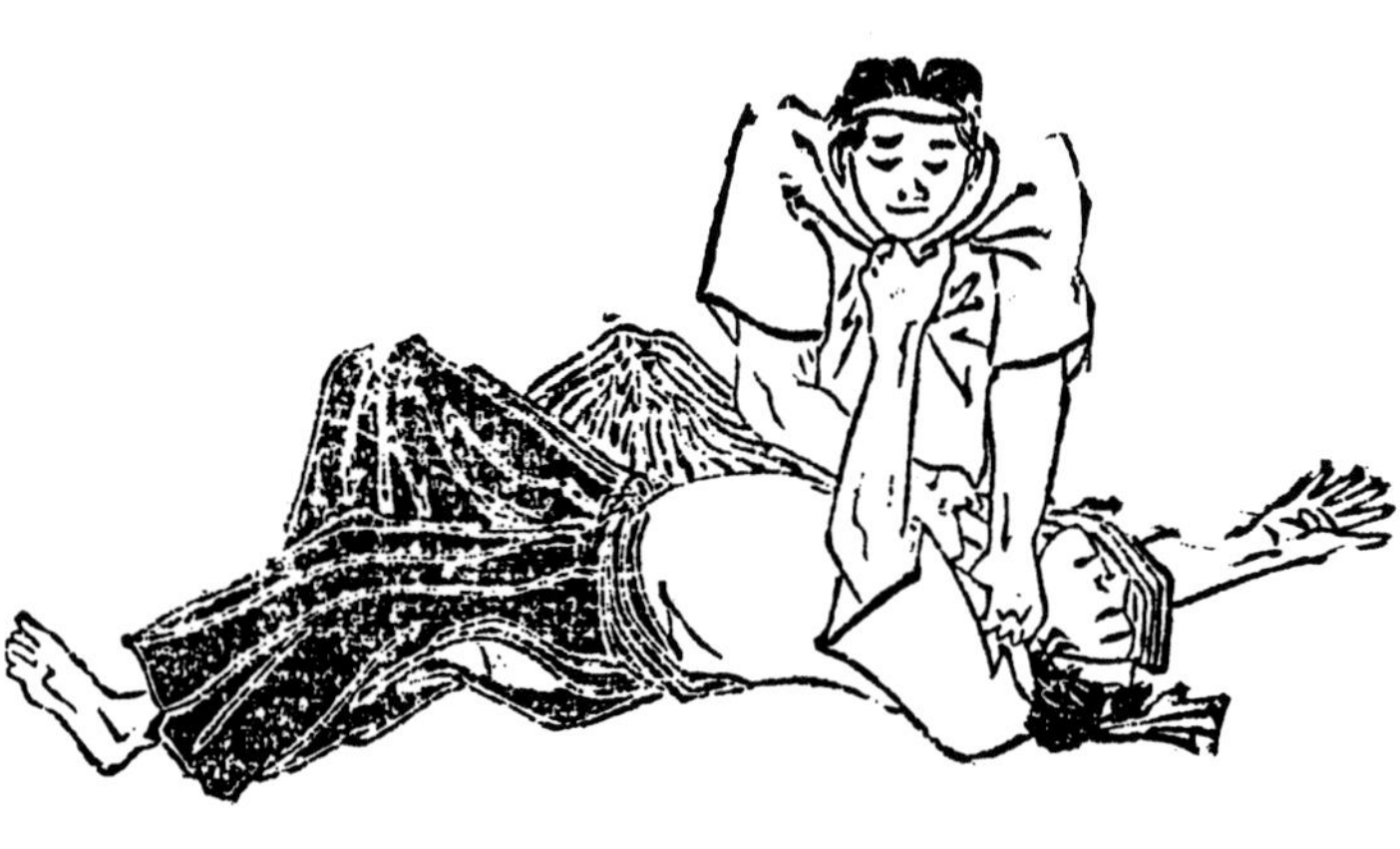

受身ノ脇腹ノ際ヘ突キ右足ヲ横ニ踏開キ左リノ拇指ノ平ヲ咽喉ノ凹ミタル處即チ秘中ヘ掛テ押シ作ラ右手ニテ我襟ヲ引テ取ルナリ(二圖參照)

同　三本目崩

三本目ノクヅシ様ハ受身ノ方ハ前ノ如ク居別ニ取捕身ノ方ハ左手ニテ受身ノ左手ノ甲ヨリ内平ノ方ヘ指先ヲ掛(一圖

居別崩二號二

參照)腰ヨリ足先ヲ些シ左ノ方ヘ寄セ急ニ右ノ方ヘウツ伏セニ成リ受身ノ手先ヲ左手ニテ持タル儘胸部ニテ少シ前ノ方ヘ乘リ出ス樣ニシ乍ラ下ヘ押付ケテ挫クナリ(二圖參照)

居別崩三號一

居別崩三號二

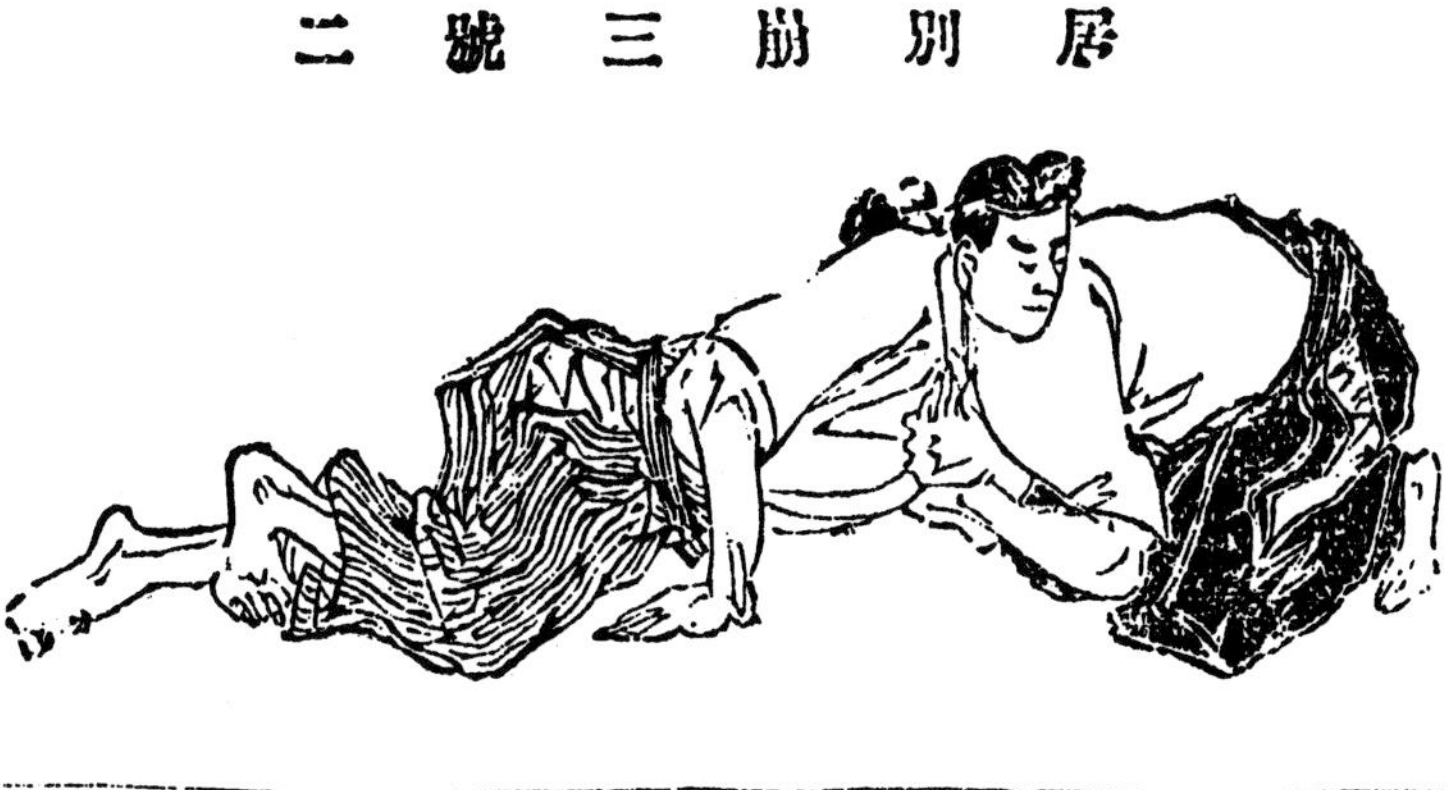

○袖車崩之事　三手

此形ノ始メノ崩シ樣ハ受身ノ方ハ捕身ノ坐シタル後ヘ立左ノ前襟ヲ右ヘ引キ寄テ左手ニテ摑ミ右手ニテ左ノ肩先ノ處ヲ摑ミ中段ノ袖車ノ如クニ左足ヲ斜ニ開キ次ニ右足ヲ開クベシ捕身ノ方ハ受身ガ右足ヲ開ク際ニ右手ニテ我左襟ヲ摑ミ其ノ下ノ處ヲ左手ニテ摑ミ（圖參照）右ノ方ヘ痳ル樣ニ頸ニ力ヲ入レ乍ラ左右ノ手ニテ急ニ襟ヲ引放スナリ

袖車崩一號

同　二本目崩

次ノ崩シ樣ハ受身ノ方ハ前ノ如ク袖車ニ捕ヘ捕身ノ方ハ左ノ方ヘ少シ廻ル樣ニナシテ急ニ右ヘ廻テ受身ノ方ヘ向右膝ヲ突キ左足ヲ横ニ蹈開テ左手ニテ我衣ノ襟ヲ摑ミ右手ノ指先ヲ伸シ甲端ノ方ニテ上ヨリ受身ノ手ヲ切落スベシ（圖參照）

袖車崩二本目

同　三本目崩

三本目ノ崩シ樣ハ受身ノ方ハ前ノ如ク袖車ニ捕リ捕身ノ方ハ受身ガ右足ヲ開ク際我躰ヲ充分ニ後ヘ下リ左右ノ足ヲ縮メ右手ニテ請身襟ヲ摑ミ左手ノ平ニテ左足ヲハヲ上ケ乍ラ襟ヲ下ヘ引キ我前ヘ投直ニ右膝ヲ突左足ヲ蹈開キ受身ノ胸部ヘ額ヲ附テ前ノ方ヘ押シ出シ左右ノ手ノ平ニテ受身ノ兩臂ヲ左右ヨリ押寄テ頭ヲ上ゲテ取ルナリ（圖參照）

袖車崩三號

○裸體捕之事　　三手

此形ノ始メノ捕樣ハ中三間計リ隔テ直立ナシ聲ヲ懸テ互ニ進行捕身ノ方ハ右手ニテ受身ク右ノ手首ヲ摑後ノ方ヘ右足ヲ蹈開キ乍手首ヲ我右腰ノ邊ヘ附テ引キ受身ク方ハ引カレタル際右足ヲ前ヘ踏出スベシ（二圖參照）捕身ノ方ハ左手ノ指先ヲ下

裸體捕一號一

へ向ケ内平ノ方ヲ受身ノ後腰ニ當テ右足ヲ左足ノ際ヘ寄セ乍ラ右手ノ指ヲ伸シテ尺澤ノ方ヲ受身ノ咽喉ヘ掛ケ左手ニテ右手ノ指先ヲ下ノ方ヨリ握リ左足ヲ左ノ後ヘ斜ニ三尺五六寸程踏下リ右足モ共ニ五六寸程下リ腰ヲ充分ニ下ゲテ受身ノ腰ヲ地ヘ付サセ頸ヲ我右肩ニテ受急ニシメテ(二圖參照)直ニ放スベシ

裸體捕一號二

同　二本目

二本目ノ捕樣ハ中三間計リ離レテ直立ナシ互ニ懸聲ヲ發シテ進行兩人共左足ヲ後ヘ斜ニ蹈開キ捕身ノ方ハ左足ヲ受身ノ右足ノ脇ヘ踏込乍ラ左手ノ指先ヲ左ノ肩ヘ掛少シク臂ヲ右ノ肩ノ方ヘ張上ケ右手ノ指先ヲ左臂ノ下ヨリ右ノ肩ニ掛テ右ノ臂

裸體捕二本目一

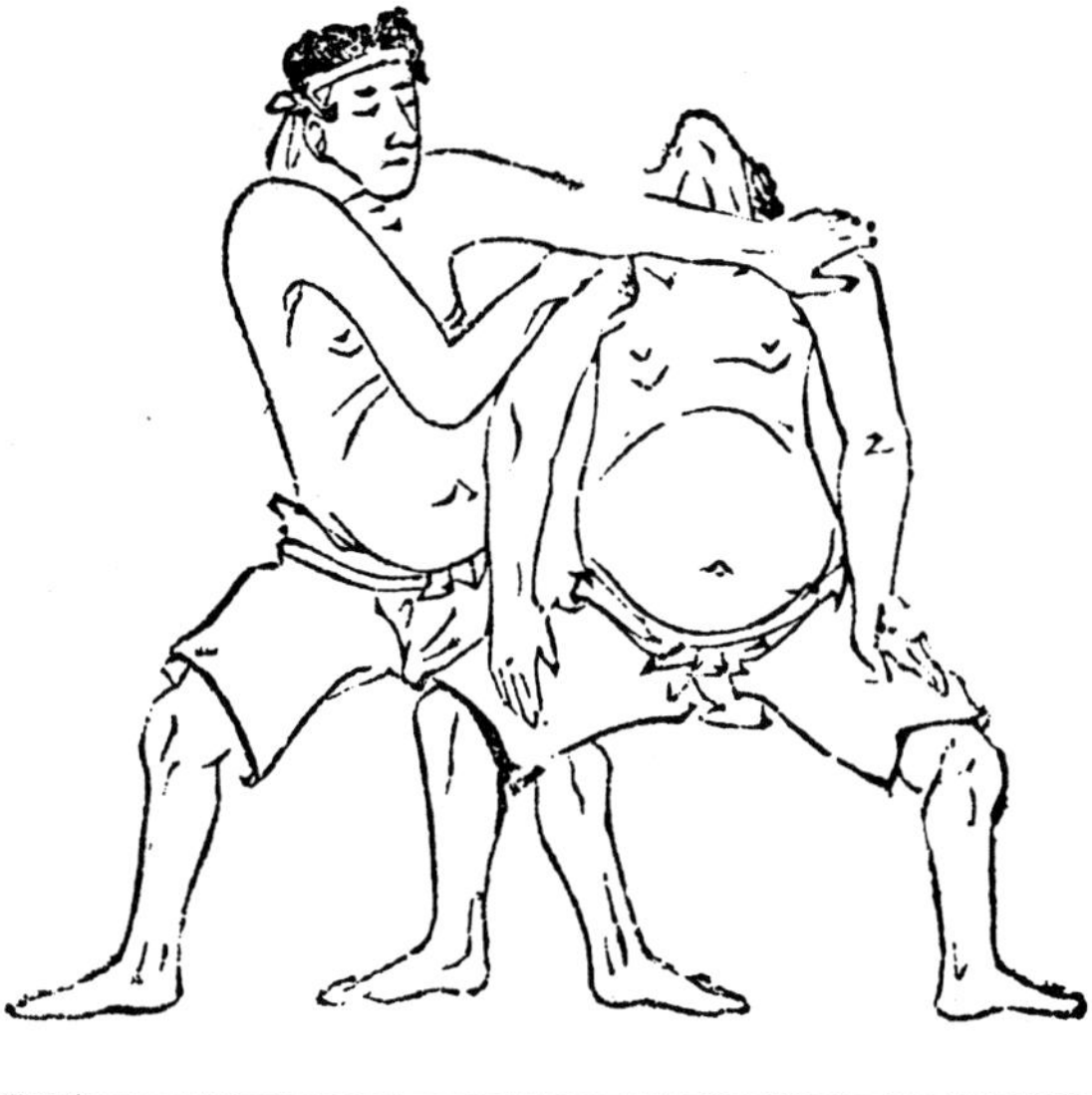

ヲ少シク上ゲテ引心持ニナシ（一圖參照）左手ノ小指ノ方ニテ左ヘ柔ラカニ廻シ乍ラ受身ノ体ヲ追々ニ崩シテ上向キニナリシ頃ニ自然ト受身ノ右足ガ我左足ノ膝エ當テ倒レル樣ニナシテ左右ノ手ヲ掛ケタル儘肩際エ右ノ膝ヲ突キ左足ヲ頭ノ方エ蹈開我顋ヲ受身ノ胸部エ付強カトシメルナリ（二圖參照）

裸體捕二本目二

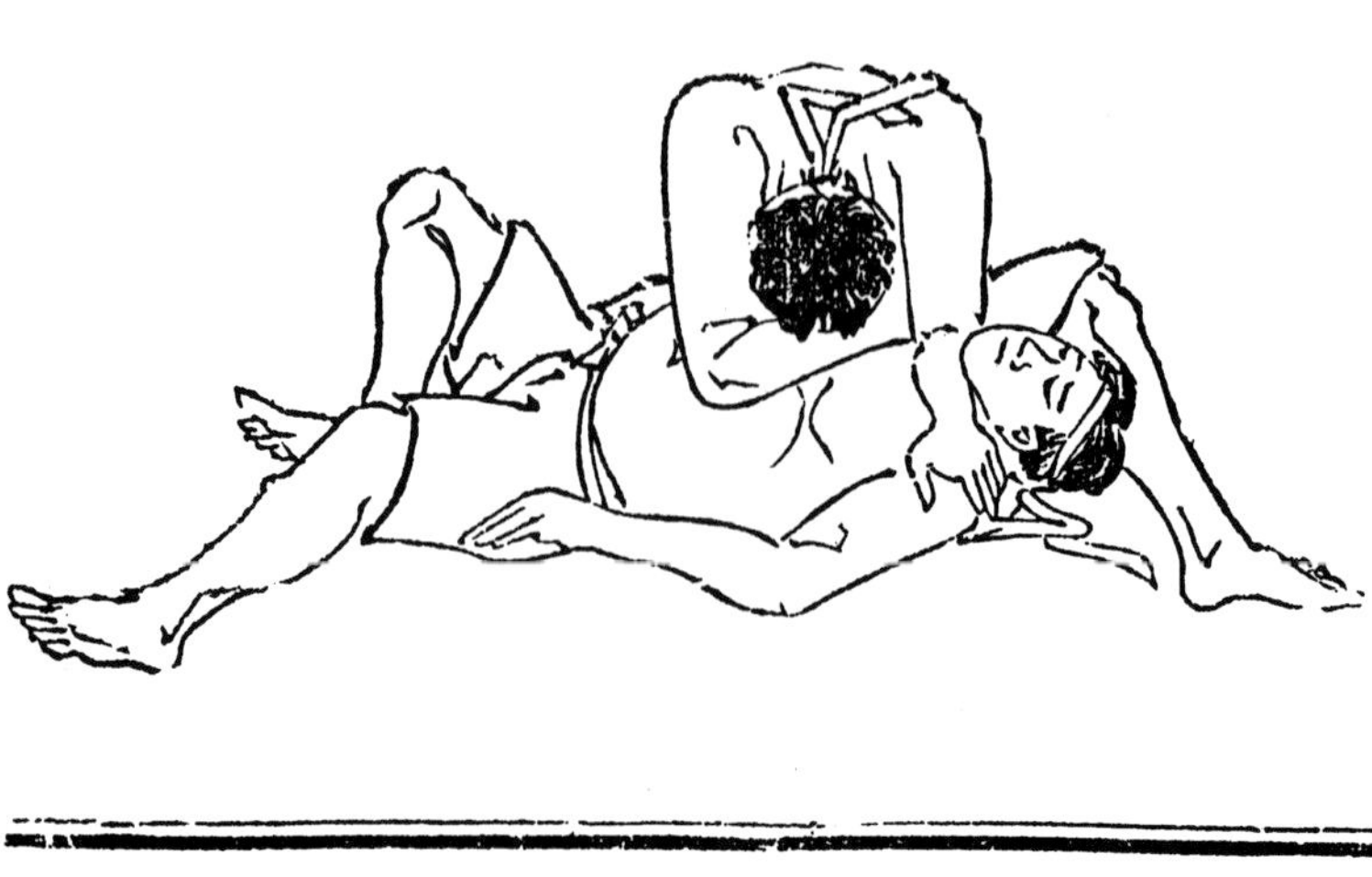

同　三本目

三本目ノ捕樣ハ中三間計リ離テ直立ナシ互ニ聲ヲ懸テ進ミ兩人共行逢タル時ニ左足ヲ後エ斜ニ踏開キ捕身ノ方ハ左足ヲ受身ノ右足ノ後ヘ踏込右ノ拳ノ平ノ方ニテ胸部ノ左ノ方ヲ打ト共ニ左ノ拳ノ平ノ方ニテ後腰ヲ當乍ラ左足ノ膝ニテ受身ノ右足ヲ挫キ（一圖參照）

裡躰捕三本口一

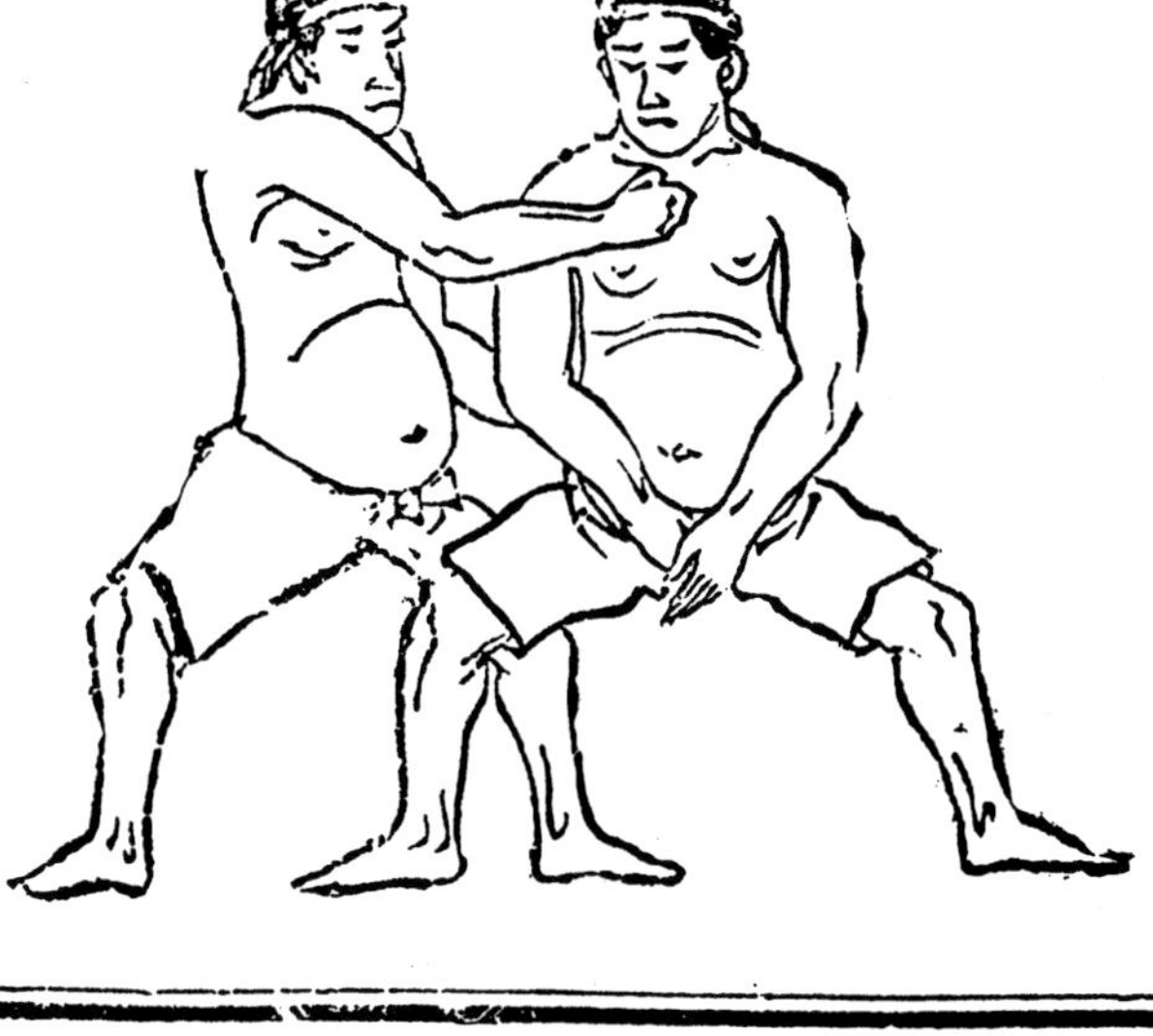

テ倒シ直ニ右膝ヲ脇腹ノ際ヱ突キ左足ヲ頭方ノヱ踏開キ右手ノ指先ヲ伸シ臂ヲ水月ヱ附ケ左手ヲ頸ノ下ヨリ左ノ方ヘ出シテ右ノ手ノ小指ヲ下ニ拇指ヲ上ニナシ之ヲ左手ノ指先ヲ伸シテ持臂ヲ强ク押付ナガラ頸ヲ上ゲルナリ(二圖參照)此際ハ急ニ船底ナリニ押上ル樣ニシテ直ニ放スヘシ

試合裏終リ

裸躰捕三本目二

極意　上段立合

○蹴返　ケカヘシ

此手合ノ形ノ捕様ハ中三間程離レテ直立ナシ互ニ聲ヲ懸テ進ミ寄リ兩人共左足ヲ後ヘ斜ニ蹈開キ捕身ノ方左足ヲ受身ノ右脇ヘ蹈込左手ノ小指ノ方ヲ上ニナシ拇指ヲ受身ノ左

蹴返　一

ノ前襟ノ内ノ方ヘ入テ摑ミ右手ノ拇指ヲ上ニシテ受身ノ右臂ノ細キ處ヲ摑ミ左リ隅ノ上ノ方ヘ斜ニ突上ゲ(一圖參照)左手ノ小指ニ力ヲ入テ少シク引キ乍ラ左足ニテ受身ノ右足ノ膝裏ノ曲リメヲ輕ク蹴テ返シ左足ハ立タル儘右ノ膝ヲ受身ノ脇腹ヘ掛右手ニテ受身ノ右腕ヲ押シ伸シ乍ラ左手ニテ襟ヲ引シメ(二圖參照)右手ノ指先ヲ伸シ小指

蹴返 二

ノ附元ノ方ニテ襟首ヲ押シ拇指ヲ襟ノ間ヘ入テ其襟ヲ摑ミ膝ヲユルメ乍ラ左右ノ小指ニ力ヲ入テシメ乍ラ受身ノ体ヲ追々ニ右ノ方ヘ廻シテ半身起シ懸テ上向ニナシ充分ニシマリタルヲ見留テ右足ノ爪先ニテ右ノ横腹ヲ蹴テ(三圖參照)直ニ放シテ右足ヲ右ノ後ヘ蹈開クナリ

蹴返三

○面影《オモカゲ》

此手合ノ形ノ捕様ハ前ノ如ク直立シテ互ニ聲ヲ懸テ進寄リ受身ノ方ハ左右ノ手ニテ捕ノ左右ノ前襟ヲ一處ニ寄セ右手ニテ摑ミ左足ヲ後ヘ斜ニ開キ乍ラ右手ヲ突出スベシ捕身ノ方ハ胸ヲ押シタル際少シ左足ヲ斜ニ下リ左手ノ指ヲ伸シ甲端ノ方ニテ受身ノ右手ノ尺澤ヲ强ク押シテ左足ヲ受身ノ右足ノ脇ヘ蹈込右手ニテ右襟ヲ摑

面影一

ミ咽喉ヘ巻付ケ(二圖參照)左手ヲ頸ノ後ヘ廻シテ巻付タル襟ノ內側ヘ拇指ヲ入テ摑ミ右手ノ平ニテ胸部ヨリ右ノ手首迄ナデ來リ拇指ヲ上ニナシテ摑ミ左手ヲ伸シタル儘後ヘ引ト同時ニ左ノ膝頭ニテ受身ノ右足ノ膝裏ヲクシキテ倒シ左膝ヲ受身ノ右ノ肩ト頸ノ間ノ處ヘ掛ケ右足ヲ蹈開キ(二圖參照)右手ニテ受ノ右ノ手首ヲ引キ左膝ニテ首筋ヲ少シク押

面影二

ス心持ニシテ鈎合ヲトリテ充分ニシメテ左右ノ手ヲ放ス際右足ニテ受身ノ右ノ脇腹ヲ蹴テ開キテ終ルナリ

○諸手碎　モロテクダキ

此手合ノ形ノ捕様ハ前同様中三間計リ離テ直立ナシ互ニ聲ヲ懸テ進ミ行逢タル時受身ノ方ハ左手ニテ捕身ノ右前襟ヲ持右手ニテ左ノ前襟ヲ持チ左足ヲ少シ斜ニ開キ乍ラ襟ヲ寄テシボリニ取ルナリ此際捕身ノ方ハ右手ニテ我右襟ヲ持右足ヲ右ノ後ヘ斜メニ二尺五六寸計リ開キ乍ラ右襟ヲ引上ゲ左手ノ指先ヲ受身ノ左手ノ上ヨリ内ノ方ヘ掛ケ撓骨ノ方ニテ受身ノ左右ノ手首ヲ我胸ノ方ヘシカト押付テ受ノ体ヲ崩スベシ此時受身ハ左膝ヲ前ヘ突クナリ（一圖參

照)又捕ノ方ハ右手ノ拇指ヲ下ニシ四指ヲ上ニシテ受身ノ左ノ手首ヲ握リ右足ノ爪先ニテ受ノ右ノ膝ヲ内ノ方ヨリ向ヘ輕ク踢乍ラ蹈込ト同時ニ腕挫ノ如ク右ノ臂ヲ受身ノ左腕ノ上ニ掛テ右膝ヲ突キ乍ラ体ヲ斜メニ押付テ左手ノ平ヲ受身ノ左ノ手

諸手碎一

首ノ上ヨリ向ヘ充分ニマキ付テ握リ又右手ハ受身ノ腕ヲ離レヌ様ニ左ノ肩ノ際迄ナデ行拇指ヲ開キ示指ト其拇指トノ間ノ甲端ノ方ニテ强ク下ヘ押シ付テ右足ヲ静ニ立テ開キ乍腕ヲ追々ニ引上ゲテ充分ニシマリタル頃右足ニテ左ノ脇腹ヲ蹴テ（二圖參照）蹈開ク時左右ノ手ヲ放スベシ

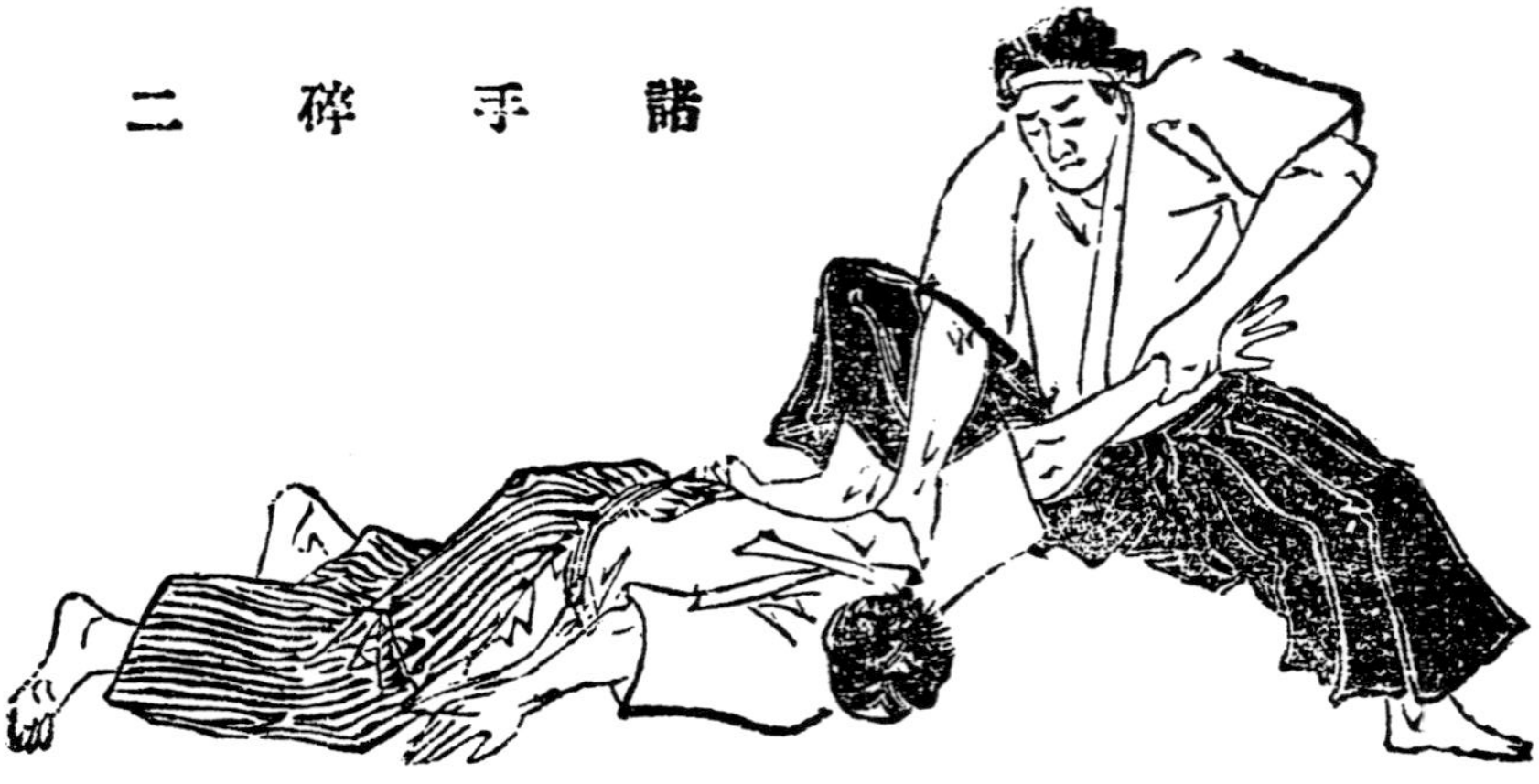

諸手碎二

○杉倒《スギタヲシ》

此手合ノ形ノ捕様ハ前ノ通リ中三四計リ離レテ直立ナシ相方懸声ヲナシテ進行捕身ノ方ハ受身ノ後ヘ廻テ左右ノ手ノ平ニテ兩耳ヲ一時ニ打其儘指先ニテ肩ヨリ左右ノ足ノ黒ブシ迄ナデ下テ直ニ指先ヲ輕クスヲノ方ヘ掛テ引ト同時ニ我頭ニテ受身ノ尻ヲ押テ倒シ直ニ左ノ方ヨリ股ノ邊ヘ横ニ寄リ掛ヲ受ノ左足ノ踵ヲ我左ノ肩先ヘ附右足ヲ右ノ肩ノ方ヘ

杉　倒

曲テ甲ノ處ヘ左右ノ手ノ平ヲ掛ケ(圖參照)左ノ肩先ニテ左足ノ踵ヲ少シ向ヘ押シ左右ノ手ニテ右足ノ甲ヲ手前ヘ少シ引キテ放シ終ル

○大殺《ヲ、コロシ》

此手合ノ形ノ捕樣ハ中三間計リ離テ直立ナシ互ニ聲ヲ懸テ進ミ行逢ダル時兩人共左足ヲ後ヘ斜ニ二尺五六寸程蹈開キ捕身ノ方ハ左足ヲ受身ノ右足ノ後際ヘ踏込右手ノ拳ノ平ノ方ニテ受身ノ左ノ乳ヨリ二三寸上ヲ打ト同時ニ左手ノ拳ノ平ノ方ニテ袴ノ腰板ノ邊ヲ打ト同ジク左足ノ膝ニテ受身ノ右足ノ膝裏ヲ挫クナリ此三ツノ處ハ少シモ間合ノ違ハヌ樣ニナスベシ總テ斯樣ノ處ヲ三ツ當リト云フ受身ノ倒ルヽ時ニ受身ノ右脇ヘ右足ノ膝ヲ突キ左足ヲ頭ノ方ヘ

踏開キ直ニ我顏ヲ受身ノ臚中ヘ當但シ臚
中トハ胸部ノ眞中
ヲ云フ之ニテ中段
ノ眞之位ノ如ク右
腕ヲ巻込テ右手ニ
テ右ノ前襟ヲ持左
ノ拇指ヲ內側ニシ
テ左襟ヲ持(圖參
照)追々シメ作ラ
頭ヲ上ゲ左膝ヲ受
身ノ頸ノ右脇ヘ突
キ右足ヲ右ヘ一文
字ニ踏開キ充分ニ
シマリタル頃右足
ノ爪先ニテ右ノ脇
股ヲ蹴込デ手ヲ放
スナリ

大殺

○浪分《ナミワケ》

此手合ノ形ノ捕様ハ前ノ通リ中三間程隔テ直立ナシ互ニ聲ヲ懸テ進ミ行逢ダル時捕身ノ方ハ左手ニテ受ノ腹帶ヲ下ノ方ヨリ摑ミ右足ヲ受身ノ左ノ脇ヘ二尺計リ蹈込乍ラ右手ノ指ヲ伸シ平ノ甲端ノ方ヲ受身ノ烏兎ヘ押當但シ烏兎トハ兩眼ノ間ナリ腹帶ヲ引上乍烏兎ヲシカト押ヘテ受身ノ体ヲ上向ニ中ニ釣リ(圖參照)是ニテ少シク

浪分

浪ノ打如ク体ヲ引上テ手ヲ放シテ下ヘ落シ右足ニテ左ノ脇腹ヲ
込一足蹈開クベシ

○猿猴附身《エンコウツケミ》

此手合ノ形ノ捕樣ハ中三間程離レテ直立ナシ互ニ聲ヲ懸テ進ミ行
逢タル時捕身ノ方ハ我ガ額ヲ受身ノ胸部ヘ當左足ヲ少シ踏込乍ラ
左手ノ拇指ノ方ヲ下エ向テ左ノ襟ヲ摑右手ノ四指ヲ右襟ノ内側ニ
入テ摑少シク上ノ方ヘ引揚ゲル心持ニ成シ左手ノ小指ノ方ヲ强ク
咽喉ヘ附テ拇指ノ方ヲ上ニ成ス樣ニンテシメ乍ラ受身ノ体ヲ崩シ
テ上向ニ中ニ鈎リ（圖參照）右足ニテ陰囊ヲ前ヨリ輕ク蹴リ左足ニ
テ後ノ方ヨリモ輕ク蹴乍ラ左ヘ追々ニ廻シテ又右足ニテ蹴リ左足

ニテモ蹴ルト同時ニ始メ行逢タル際ノ位置迄一廻リ成スナリ此一廻スル間左右ノ足ニテ都合四度蹴乍ラ充分ニシメテ元ノ位置ヘ至リタル時受ノ体ヲ静ニ下エ置テ右足ニテ受身ノ右ノ脇腹ヲ充分ニ蹴ト同時ニ左右ノ手ヲ放シテ一足踏開クナリ

猿猴附身

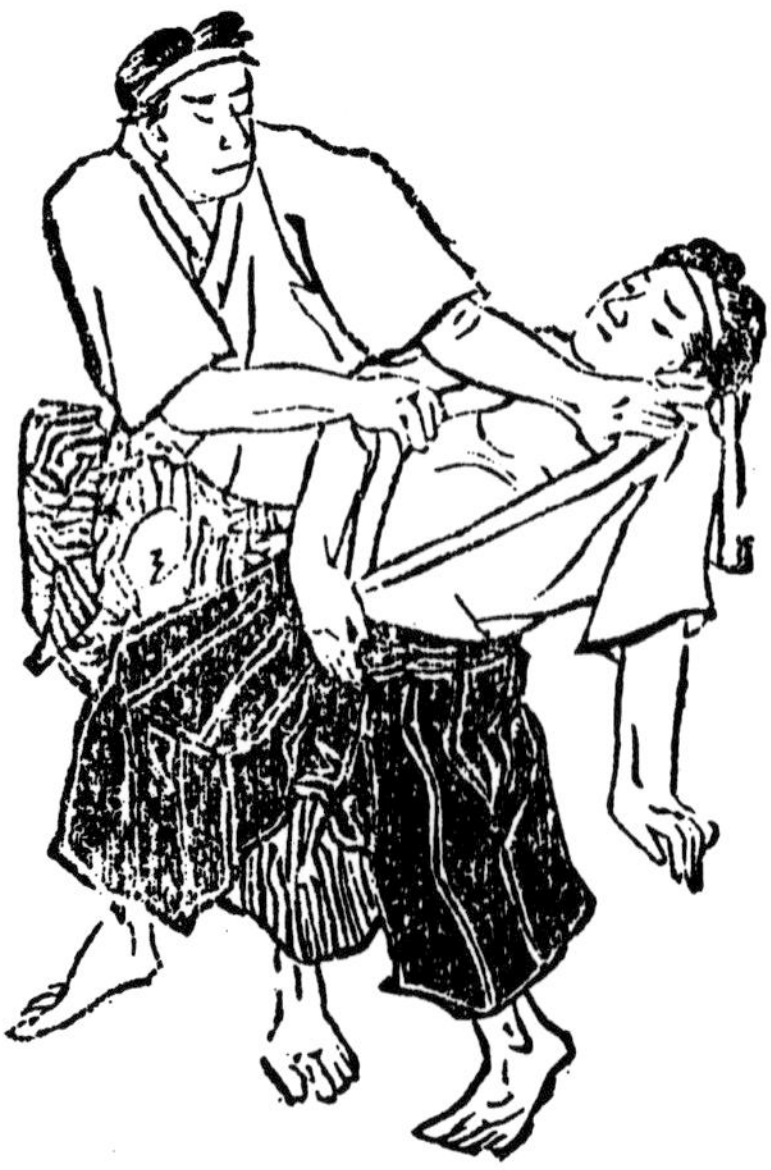

○手矩捕　テガテトリ

此手合ノ形ノ捕様ハ中三間程離レテ受身ハ左手ニ木太刀ヲ携ヘテ立捕身ノ方ハ右手ニ小太刀ヲ下ゲテ立但シ本來ハ小太刀ニ非ス徒手ナリ互ニ懸聲ヲナシ捕身ノ方ハヅカ〳〵ト進ミ行受ノ方ハ靜ニ二足程進ミ捕ハ間三尺計リノ處ニテ左足ヲ後ヘ一足蹈開キ乍ラ小太刀ヲ眞直ニ受ノ目先ヘ出スナリ此時受身ノ方ハ左足ヲ斜ニ踏開キ乍ドウ腹ヲ目懸テ拔キ打ニ切付ルナリ捕ハ此時早ク右足ヲ充分ニ大キク後エ踏開キテ小太刀ヲ引下ゲ一度元ノ位置迄退キテ再ビ前ヘ進受ハ此間ニ左足ヲ右足ノ際エ寄セ右足ヲ斜ニ後エ開キ乍ラ木太刀ヲ左右ノ手ニテ大上段ニカブリ捕ガ我前ノ三尺計リノ處ヘ

來リシ時右足ヲ蹈込乍ラ眞直ニ切下スナリ此時捕ノ方ハ左ヲ一足後ヘ蹈開キ乍ラ小太刀ノ先ヲ少シ右ヘ向拳ヲ我額際ヘ付テ鍔元ニテ太刀ヲ受留(一圖參照)直ニ左足ヲ受ノ右足ノ脇ヘ踏込乍左手ノ拇指ヲ左襟ノ内ガワヘ入テ

手矩捕　一

逆ニ摑ミ同時ニ右手ノ小太刀ヲ少シ向エ押ス様ニシテ放シテ直ニ木太刀ヲ持シ右手ノ臂ノ少シ上ノ細キ處ヲ下ノ方ヨリシカト指ノ附元ニ力ヲ入テ摑ミ受身ノ左ノ上ノ方エ突キ揚ゲ乍ラ左手ニテ少シ襟ヲ

手縄捕 二

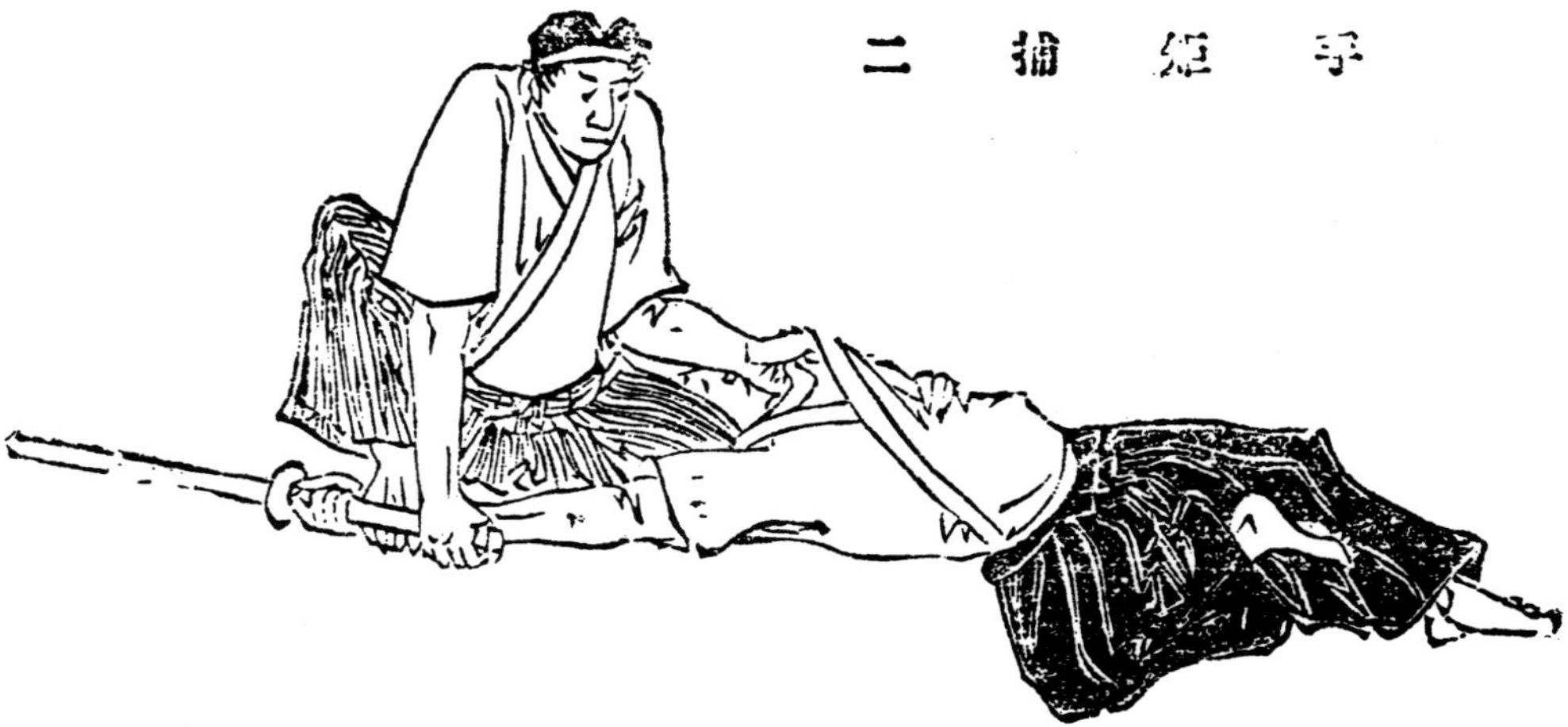

引受身ノ体ヲ充分ニ崩シテ左足ノ裏ノ方ニテ右足ノ膝裏ヲ蹴テ横ニ倒シ直ニ右ノ脇腹ノ上ヘ右膝ヲ掛ケ右手ニテ腕ヲ充分ニ向ヘ押シ伸シ左手ニテ襟ヲ少シ引キシメ又右手ヲ手首迄ナデ行テ手首ヲシカト掴ミ左膝ヲ下ヘ突キ右足ヲ右ノ後ヘ一文字ニ蹈開キ乍ラ右手ニテ手首ヲ右足ノ爪先ノ邊ヘ急ニ引キ返シ此時受ハ木太刀ヲ握リタル儘上向ニナルナリ捕ハ右足ニテ右ノ手首ヲシカト蹈エ右手ニテ木太刀ノ柄ヲ握リ引キ放シ(二一圖參照)其儘受ノ右襟ヲ持左手ハ左襟ト右襟ト一ツニ持右手ニテ右襟ヲ引キ左手ニテ頸ノ右脇ヘ押付ル樣ニシテ充分ニシメテ右足ノ爪先ニテ右ノ脇腹ヲ蹴テ放スベシ

○兩非《リヨウシ》

此手合ノ形ノ捕樣ハ先相方三間計リ離レテ直立ナシ互ニ聲ヲ懸テ進ミ寄リ捕身ノ方ハ行逢タル時右手ニテ受身ノ左ノ前襟ヲ摑ミ是ヲ我腹ノ方ヘ引ト同時ニ左手ノ指ヲ伸シ甲端ノ方ニテ受ノ眼ノ際則チ烏兎ヲ摺上ゲ乍左足ノ爪先ニテ陰嚢ヲ蹴上ルナリ（圖參照）此形ハ左右共同樣ニ捕ルヘシ

兩非

○天狗勝　テングショウ

此手合ノ形ノ捕様ハ前ノ如ク中三間程離レテ直立シ互ニ聲ヲ懸テ進ミ寄リ捕身ノ方ハ行逢タル時右手ニテ受身ノ右ノ手首ヲシカト握リ右足ヲ後ヘ大キク蹈開キ乍ラ充分ニ右手ヲ引キ此時受身ハ右足ヲ蹈出ナリ直ニ放シテ指先ヲ伸シ尺澤ノ邊ヲ咽喉ヘ掛ケ乍ラ右足ヲ受身ノ後ニアル我左足ノ際

天狗勝

ヘ寄セ左手ノ指先ヲ下ヘ向ケ内平ノ方ニテ受身ノ細腰ヲ押シ乍ヲ左足ヲ後ロヘ三尺計リ踏ミ開キ腰ヲ充分ニ下テ我右膝ノ上ヘ受ノ背中ヲ乘セカケ左手ノ指ヲ伸シテ受身ノ頸筋ヘ矢筈ノ如クニ掛ケ(圖參照)右手ニテ咽喉ヲシメ左手ニテ頸ヲ押シ充分ニシメテ右手ノ指先ヲ伸シ臂ニテ受身ノ水月ヲ突ト同時ニ一足後ヘ下ツテ受身ノ体ヲ下ヘ落スナリ此一ト足後ヘ下ルト云フハ右足ヲ左足ノ際ヘ引テ早ク左足ヲ後ヘ下ルナリ

極意上段　立合終リ

上段居捕

○後鎖《ウシロカスガイ》

此手合ノ形ハ請身ノ者ハ稽古場ノ中程ニ座シ捕身ノ方ハ請身ノ後ノ右ノ隅ノ方ヘ左足ノ爪先ヲ揃ヘテ右膝ヲツキ左リ膝ヲ少シ上テ構ヘ互ニ掛聲ヲナシテ捕身ノ方ハ眞ツ直グニ立上リ請身ノ右脇迄進ミ行キ先左手ニテ請身ノ左リ襟ヲ前ノ方ヨリ拇指ヲ内ヘ入テ逆ニ摑ミ右手ニテ右ノ肘ノ少シ細キ處ヲ拇指

後鎖

ヲ上ニシテ摑ミ腕ヲ少シ押シ上ニテ足ノ爪先ニテ右ノ脇腹ヲ輕ク蹴次ニ左足ヲ少シ左リヘヨリ亦右足ヲ左足ノ際ヘヨセ右手ニテ左リノ肩先ノ衣ヲ袖車ノ樣ニ摑ミ左足ニテ左リノ横腹ヲ蹴テ直ニ膝ヲ七八寸後ノ方ヘツキ我ガ右肩ノ處ヲ請身ノ襟頭ヘシカト付テ右足ヲ横一文字ニ踏開キ(圖參照)右足ノ手ニテ急ニ前ヘ引付乍ラ腰下ゲテシメ直ニ手ヲ放スベシ

○脇　鎖　ワキカスガイ

此手合ノ形ハ請身ノ方ハ横向キニ坐シ捕身ノ方ハ請身ノ右脇ヲ六尺計リ離レテ前ノ如ク右膝ヲツキ左膝ヲ少シ上テ請身ノ方ヘ向テ排ヘ互ニ聲ヲ掛テ眞直グニ立上リ請身ノ右脇迄進行先頭ニテ獨鈷

ノ邊ヲ當左手ニテ左リノ襟ヲ前ノ方ヨリ逆ニ摑ミ右手ニテ背ノ紋處ヲ摑ミ右足ノ爪先ニテ輕ク横腹ヲ蹴直ニ膝ヲ六七寸後ノ方ヘキツ右ノ肩ヲ詰身ノ右ノ首筋ノ處ヘ付左足ヲ横一文字ニ踏開キ乍急ニ左右ノ手ニテ前ヘ引付（圖參照）直ニ放スベシ此二手ハ早ク手ヲ放サザレバ咽喉ヲ痛メル故引付ケタル際直ニ左右ノ手ヲ放スベシ

脇鎖

○後捕《ウシロドリ》

此手合ノ形ハ先請身ノ方ハ左ニ木太刀ヲ帯タルマヽ座シ居ルナリ亦捕身ノ方ハ請身ノ後ヘ六尺計リ離レテ前ノ如ク右膝ヲツキ左膝ヲ少シ上テ搆ヘ互ニ聲ヲ懸テ捕身ノ方ハ眞スグニ立上リ請身ノ後際迄進ミヨリ左手ノ掌ヲ開キ

後捕 一

後捕二

矢筈ノ如クニナシテ襟頸ノ處ヘ掛ケ右手ニテ柄先ヲ下ヨリ持鍔ノ處ヲ水月ヘ當テラ左手ニテ首ヲ少シ押シ(一圖參照)左膝ヲ一尺七八寸後ノ方ヘツキ左手ヲ柄ヘカケ右足ヲ横一文字ニ蹈開キ乍ラ左右ノ手

ニテ柄ヲ上ヨリ持ナヲシテシカト押ヘテ左手ニテ柄先ヲ握リ右手
ニテ受ノ右ノ手首ヲ摑ミ右足ヲ右ヘ一文字ニ開キ柄ノ方ハシカト
押付乍ラ手首ヲ右ノ方ヘ引キ（一圖參照）其儘右足ニテ脇腹ヲ蹴テ
放スベシ

○片羽縮　カタハナヾミ

此手合ノ形ノ捕樣ハ受身ノ坐シタル所ヨリ六七尺離レテ前ノ如キ
形ニ構ヘ互ニ聲ヲ懸捕身ノ方ハ眞直ニ立上リテ受身ノ右脇迄進ミ
右手ニテ右ノ前襟ヲ左ノ方ヘ寄セ首ノ後ヨリ左手ニテ捕ヘ右手ノ
平ヲ右ノ肩ノ際ヘ掛（一圖參照）左足ノ膝ヲ斜ニ一尺五寸程後ヘ突
右足ヲ横ヘ踏開キ乍ラ受身ノ首ガ左手ノ上ニナル樣ニ後ヘ倒シ次

ニ右足ヲ受ノ身腰ノ際へ寄セ右手ニテ右ノ手首ヲ握リ腰部ヘ押付横向ニナシ又右ノ膝ヲ左膝ノ際ヘ突左足ヲ前ノ方ヘ踏出シ右手ヲ少シ揚ゲテ受身ノ右上膊骨ノ中程即チ臂ト肩ノ間ノ處ヲ膝先ヘ掛テ右足ヲ靜ニ立乍ラ左右ノ手ニテ襟ト手首ヲ引分受身ノ体ヲ中程迄起シテ

片羽締一

片羽縮 二

我下腹ヲ前ヘ出シ(二圖參照充分ニ咽喉ノシマリタル處ニテ右ノ爪先ニテ右ノ脇腹ヲ蹴テ横ニ蹈開キ乍ラ左右ノ手ヲ放スベシ

○矢　筈　ヤハズ

此手合ノ形ノ捕様ハ先受身ノ者ハ小太刀ヲ指シテ坐シ捕身ノ方ハ五六寸離レテ前ヘ坐シ互ニ聲ヲ掛テ受身ノ方ハ左手ニテ捕身ノ胸ヲ捕リ右手ニテ小太刀ヲ抜キ頭ヘ切付ルナリ捕身ノ方ハ左手ニテ我胸ヲ捕ヘタル手首ヲ下ヨリシカト握リ右手ノ指ヲ伸シ頭ニ付臂ヲ張テ少シク体ヲ前ヘ進ム様ニシテ切付ル手先ヲ受止メテ直ニ手首ヲ握リ左足ヲ受ノ左リ

矢　筈　一

膝ノ脇ヘ踏出シ（一圖參照）右手ニテ受ノ左腕ヲ向ヘ押シ乍ラ右ノ方ヘ廻シテ上向ニ倒シ左足ノ膝ヲ突右足ニテ右ノ手首ヲ蹈ヘ右手ニテ小太刀ノ柄ヲ持テ扱取リ直ニ右ノ襟ヲ捕ヘ右足ノ小指ノ方ノ甲端ノ處ニテ咽喉ヲ蹈付左ノ膝ヲ少シ左ヘ寄セ左ハ手首ヲ引キ右ハ襟ヲ引右足ノ甲端ニテ咽喉ヲ充分ニシメル（二圖參照）右足ノ膝ヲ受身ノ左ノ肩ノ際ヘ突左足ノ爪先ニテ左ノ脇腹ヲ蹴テ放スベシ

矢筈二

○突掛《ツキカケ》

此手合ノ形ノ捕様ハ先受身ノ者小太刀ヲサシテ坐シ捕身ノ方ハ五六寸離レテ前ヘ坐シ互ニ聲ヲ發シ受ハ左手ニテ胸グラヲ取ヘ右手ニテ小太刀ヲ拔キ水月ノ邊ヘ突掛ルナリ捕身ノ方ハ右手ニテ左ノ手首ヲ上ヨリシカト掴ミ左足ヲ後ノ方ヘ一文字ニ蹈開キテ左手ノ指

突掛一

ヲ延シ甲端ノ方ニテ突來ル小太刀ノ先ヲ内ノ方ヨリ拂フ(一圖參照)直ニ左足ヲ前ヘ踏込乍ラ烏兎ヲ拳ニテ當又直ニ胸襟ヲ捕ヘ右足ヲ向ヘ踏出シテ左ノ膝テ突キ乍ヲ受身ヲ仰向ニ押シ倒シ右足ヲ横一文字ニ踏開キ右手ニテ受ノ左手ノ小指ノ方ヲ上ニシテ左膝ヲ腕ノ上ヘ掛ベシ(二圖參照)

突掛 二

○無二劍《ムニケン》

此手合ノ形ノ捕樣ハ前ト同シク受身ハ左ニ小太刀ヲサシテ坐シ捕身ノ方ハ前ヘ坐シ互ニ聲ヲ懸ケ受ハ左手ニテ左右ノ胸襟ヲ捕ヘ右手ニテ小太刀ヲ拔キ頭ヘ切付ルナリ捕身ノ方ハ右手ニテ受身ノ左右ノ前襟ヲシカト捕ヘ左足ヲ受身ノ右脇ヘ踏込

無二劍

乍ラ左平ノ指ヲ伸シ掌ヲ返シ(一圖參照)内平ノ方ニテ切付來ル右手ヲ受留テシカト握リ右足ニテ水月ヲ蹋テ仰向ニ倒シ右ノ膝ヲ腕ノ際ヘ突キ左足ヲ横一文字ニ開キ(二圖參照)左手ニテ手首ヲ左ノ方ヘ引伸シテ押ヘルナリ

無二劔二

○見刀曲

此手合ノ形ノ捕樣ハ先受身ノ者ハ左手ニ木太刀ヲ持テ座シ捕身ノ方ハ右手ニ小太刀ヲ携ヘ左右ノ足ノ爪先ヲ揃ヘ右ノ膝ヲ前ヘ突左膝ヲ少シク上ゲ開キ互ニ聲ヲ掛捕身ノ方ハ眞直ニ立上リ受身ノ前迄進ミ左足ヲ後ヘ斜ニ蹈開キ乍ラ小太刀ヲ受ノ目先ヘ眞直ニ突出シ

見刀曲　一

受身ハ此時ニ木太刀ニテ拔打ニ足ヲ拂フナリ又捕ノ方ハ右ノ小手先ヲ輕ク返シテヲ小太刀ニテ木太刀ヲ受留メ直ニ又小手先ヲ返シテ木太刀ヲ切落シ元ノ如ク受ノ目先ヘ突出スナリ（但シ此切落スト云ハ實ハ尺澤ヲ打事ナレ共眞實ニ打時ハ小手ヲ痛メルガ故ニ稽古ノ際ニハ總テ假ニ木太刀ヲ打ト心得ベシ）是ヨリ捕ハ左足ヲ受ノ眞後ヘ蹈込ミ乍ラ小太刀ヲ横ニ受ノ咽喉ヘ掛ケ右足ヲ左足ノ際ヘ寄セ左手ノ指先ヲ輕ク小太刀ノ先ヘ上ヨリ掛テ左足ヲ二尺余リ後ヘ踏開キ右ノ膝頭ヲ受ノ背後ヘ押付乍ラ少シ腰ヲ下テ下腹ヲ前ヘ出ス樣ニシテ左右ノ手ニテ小太刀ヲ手前ヘ引付テ受ノ体ヲ充分ニ崩シ（一圖參照）少シク右ノ方ヘ倒ス樣仕掛テ急ニ左ノ前ヘ倒シ其

見込曲二

儘頸筋ヲ打ナリ(二圖參照)又之モ小太刀ヲ用ユレモ術手ト心得ベシ

○龍　虎　リヨウコ

此手合ノ形ノ捕樣ハ前ト同ジク受ハ木太刀ヲ携ヘテ座シ捕モ小太刀ヲ左ニサシ前ノ如ク片膝ヲ突テ半身ニ構ヘ互ニ聲ヲ懸テ捕身ノ方ハ右手ニテ小太刀ヲ拔キ受ノ左眼ヲ指テ眞直ニ出シ立上ツテ左リ右ト二タ足斜ニ進ミ少シ腰ヲ下テ腹ヲ前ヘ出スベシ此際受ハ右手ニテ木太刀ヲ持拔打ニ膝ノ邊ヘ切付ルナリ捕ハ小手先ヲ返シテ小太刀ニテ木太刀ヲ受ケテ直ニ上ヨリ打落シ体ノ中心ノ崩レヌ樣元ノ如ク小太刀ヲ眞直ニ出シ次ニ左足ヲ大キク受ノ右ノ後ヘ充分ニ踏込ト同時ニ左膝ヲ突キ乍左手ノ指ヲ延揃ヘ甲端ノ方ヲ咽喉ヘ

當小太刀ノ切先ヲ臼先ヘ附タル儘突キ倒シテ叉直ニ小太刀ノ柄頭ニテ陰嚢ヲ當ルト同時ニ右足ノ爪先ニテ脇腹ヲ蹴テ開クナリ(圖參照)

龍　虎

○暫心目附　ザンシンメツケ

此手合ノ形ノ捕様ハ先前ト同樣ニ受身ノ者ハ木太刀ヲ左手ニ持チ

暫　込　目　附

捕身ノ方ハ左手ニ小太刀ヲ携ヘ六尺計リ

離テ右膝ヲ突左膝ヲ上テ搆ヘ互ニ聲ヲ懸捕ノ方ハ右手ニテ小太刀ヲ拔キ受ノ目先ヘ附テ眞直ニ立上リ左足ヲ斜ニ蹈出シ右足ヲ受ノ右膝ノ六七寸前ヘ踏出シ腰ヲ下テ兩膝ヲ左右ヘ張リ少シク腹ヲ前ヘ出ベシ此際受ハ右手ニテ拔打ニ木太刀ニテ膝ノ邊ヘ切付ルナリ又捕ハ小太刀ニテ受テ直ニ上ヨリ打落ス樣ニ下ヘシカト押ヘ（圖參照）又直ニ眞之位ノ如ク左右ノ手ノ指ヲ延シ左足ヲ大キク蹈込テ膝ヲ突キ乍ラ左右ノ手ノ甲端ノ方ヲ咽喉ヘ掛ケ突倒シ左手ニテ左襟ヲ持右手ニテ右腕ヲ輕ク持右足ヲ横一文字ニ開キテ左手ニテ咽喉ヲシメ右足ニテ脇腹ヲ蹴テ左右ノ手ヲ放シテ終ルナリ

上段　居捕終

人工呼吸術

先ヅ咽喉ヲシメ或ハ支腹等ヲ打氣絕シタル人ノ在ル時ハ其害者ノ背ノ大推ヨリ下エ六七推ノ處ヲ手ノ平ニテ輕ク押付ル樣ニ三四度打ベシ必ズ活生スル者ナリ其他ノ處ヲ打時ハ却テ害ヲ爲ス事在リ氣ヲ付テ打ベシ

第貳ノ術ハ死者ヲ仰向ニ寐カシ頭ヨリ爪先迄眞直ニシテ甲ノ一人ハ

(第 圖)

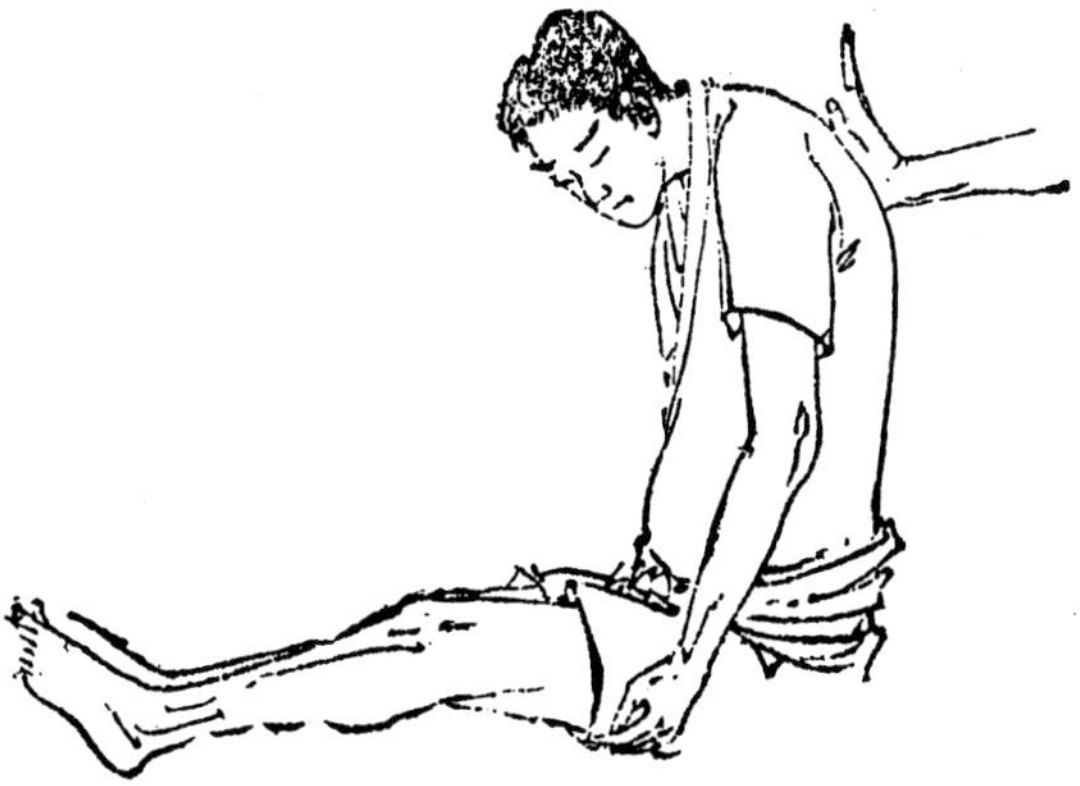

頭ノ方ヱ廻リ左右ノ手ニテ死者ノ左右ヘ手首ヲ握リ又乙ノ一人ハ死者ノ腹ノ上ヨリ腰ヲ押付ヌ樣ニ兩脇ヱ膝ヲ突左右ノ手ノ平ヲ肋骨ノ少シ下ヱ當テ指先ヲ上ヱ返ラセ是ニテ甲者ハ左右ノ手ヲ輕ク柔ラカニ手前ヱ引ト同時ニ乙者ハ左右ノ手ノ平ニテ指先ノ付ヌ樣輕ク柔ヲカニ上

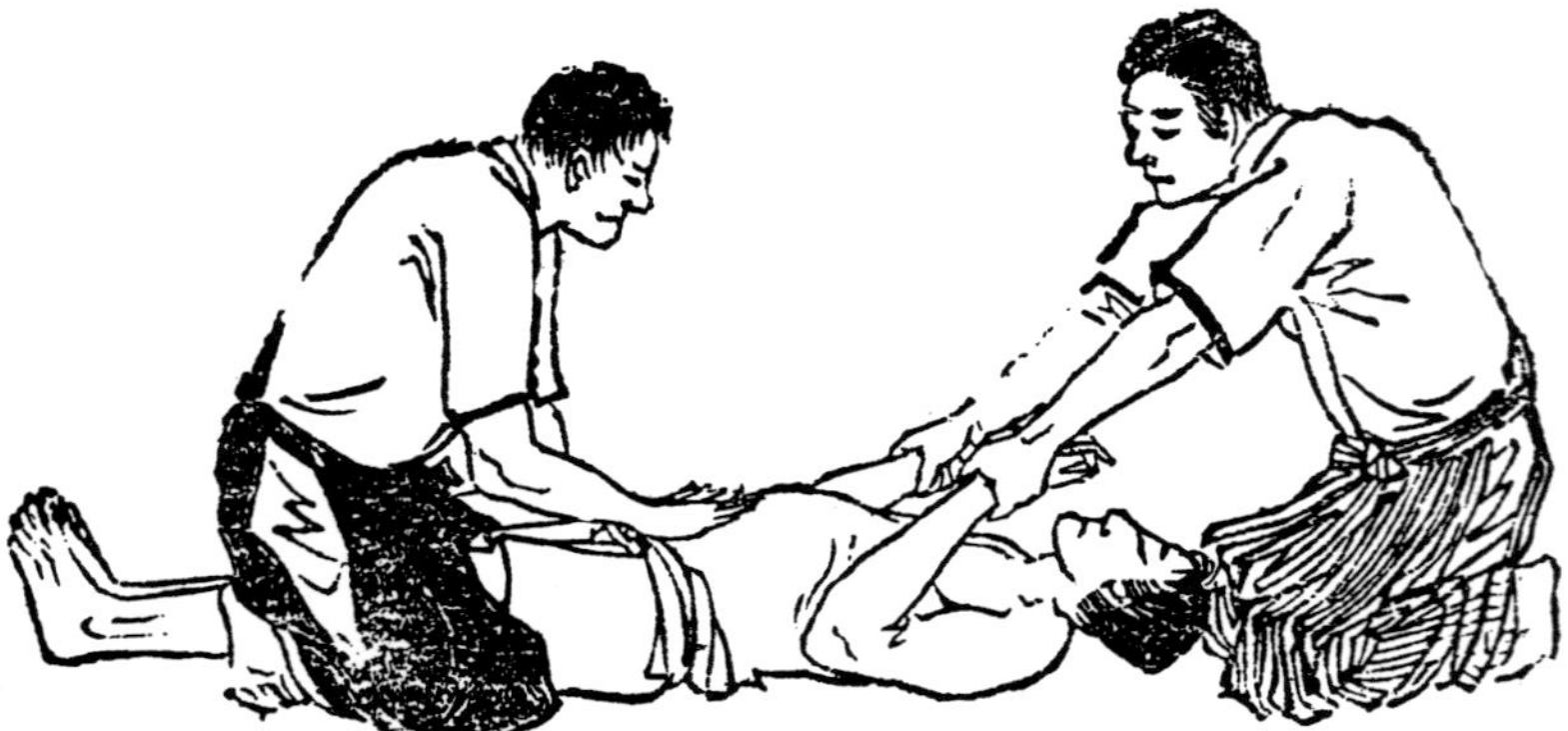

（第二圖）

ノ方ニ押上ルナリ斯ノ如ク何度ニテモ死者ノ息ヲ爲ス迄甲者モ乙者モ手先ノ調子ヲ違エヌ樣ニ爲スベシ生氣ノ付タルト認

(第三圖)

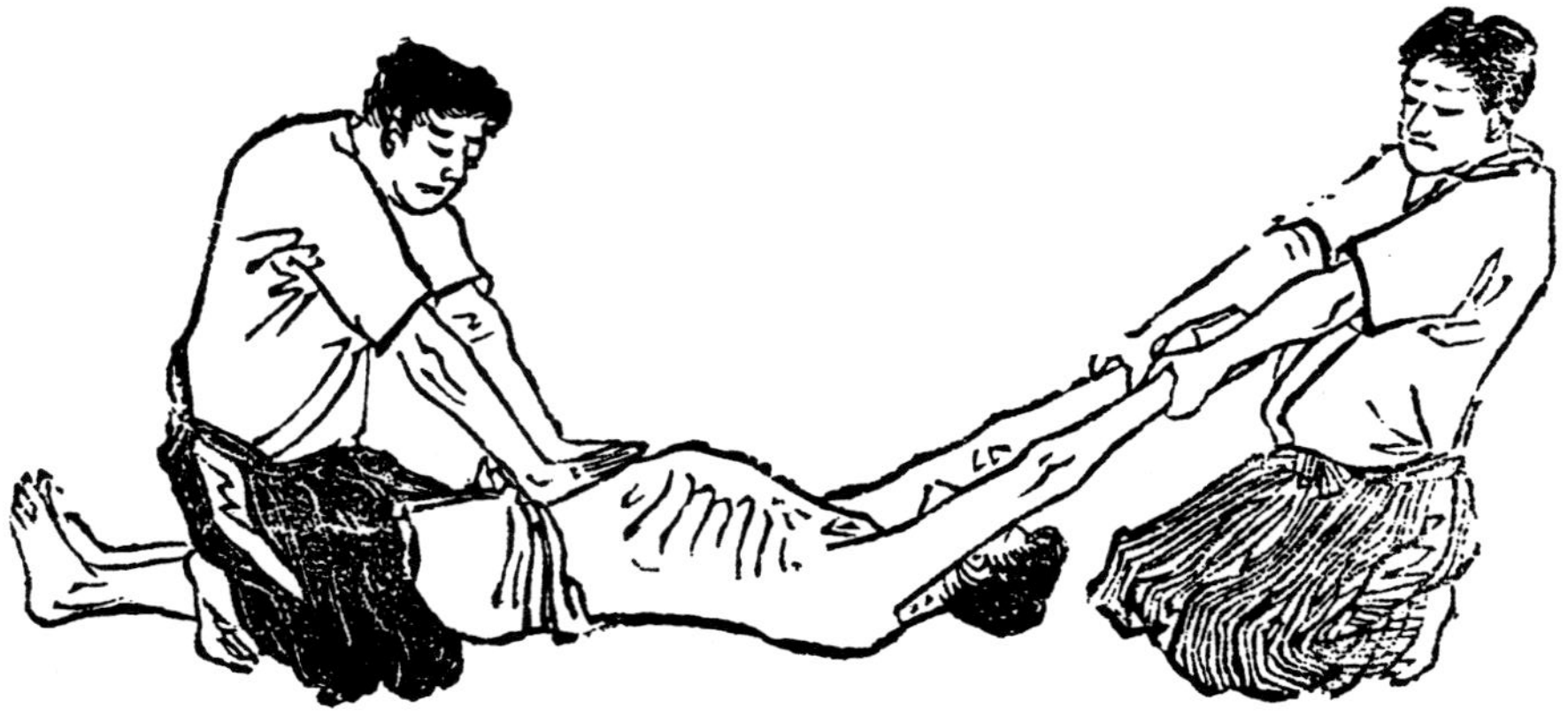

メタル時ハ誠心ノ落付ク樣藥ヲ與フベシ(圖參照)

總テ活生ノ法ハ手術ノ熟練セサル内ハ何程手術ヲ盡ス共活生セザル者故爰ニハ諸人ノ行ヒ易キ人工呼吸術ヲ一ツ二ツ認メ置ナリ死者ニ依テ種々ノ取扱法モ在レ共其レ等ハ不日柔術精理書ナル者ヲ著スヲ以テ就テ見ルベシ

人工呼吸術終

乱捕

○スクイ足

スクイ足ハ右手ニテ左ノ袖先ヲ持右手ニテ左ノ襟ヲ持左足ニテ右足ノ爪先ノ少シ元ノ處黑節ノ邊ヱ掛テ我左ノ腰ノ方ヘ引上ゲ乍ラ右手ハ少シ押左手ハ左ノ下ノ方ヘ引テ敵ノ体ヲ倒スナリ(圖參照)

スクイ足

○足　拂

足拂ヒモ手ハ前ト同樣ニ持右足ノ踵ノ元ノ處ニテ敵ノ右足ノ膝裏ノ處ヲ拂ヒ乍ラ右手ニテ少シ袖ヲ引テ倒スベシ

(圖參照)

足拂

○拂ヒ腰

拂ヒ腰モ左右ノ手ハ前同樣ニ持右足ノ裏ノ方ニテ合手ノ右ノ太股ノ前ノ方ヨリ右ヘ拂上ルナリ

（圖參照）

拂腰

○腰投

腰投ハ左手ニテ右ノ袖先ヲ持右手ヲ輕ク伸シテ合手ノ左ノ腰ノ方ヨリ後ヘ廻シ右腰ノ邊迄指先ヲ伸シテ我腰ヲ少シ低クシ

腰投

テ合手ノ下腹ヘ附ルト同時ニ腰ヲ上ゲテ横ニ抱ヘル如クニナスベシ(圖參照)

以下拾貳種ノ圖ハ當時ノ紐打ニハ余リ用ヒザレドモ本流古風ノ乱捕ニハ多ク用ヒタル者故參考ノ爲爰ニ著ス者ナリ

胴〆之圖

捨身捕之圖

小手引之圖

腰投ノ入掛之圖

強身〆之圖

腕シギト故フ之圖

股拂之圖

腰入ノケツロ之圖

相方ノ位捕之圖

背逯投之圖

ハダカメ之圖

〆込ミ之圖

此手ハ相方共樂ニテ
動カサヌ計リナリ

◎尤モ組打ク手合ハ種々ノ業在リト雖モ余リ紙數ノ増加スルヲ以テ次ノ篇ニ於テ著ス事トシ爰ニ一先ヅ筆ヲ止ム

柔術極意敎習圖解畢

楊心流
眞神道流 合流

天神眞楊流柔術祖家

東京市神田區字於玉池松枝町九番地

元祖 磯又右衛門 柳關齋源正足

二代目 磯又一郎

三代目 磯正智

四代目 磯又右衛門

五代目 磯又右衛門

三代目門人 吉田千春

柔術專門接骨治療ノ趣旨

予ガ家柔術接骨ヲ以テ家ヲ立ツルヿ于茲五世維新前ニアリテハ大名旗下ノ貴紳續々トシテ我門ニ來往セラル戊辰革命後大政頓ニ改マリ大名旗下皆ナ廢止セラレ次テ廢刀令ヲ布キ警察署ヲ設ケラル丶ヤ又柔術盛ンニ行ハレ各警察署ニ置クニ柔術ノ師範役ヲ以テス而シテ其當時ニ師範役タルモノ概ネ我先師ノ門生ナラザルハナシ然レ𪜈當時彼ノ人々ノ學ブ所ロノ者皆師ノ門下ニアリテ相當ノ歲月ヲ費シ稍クニシテ其秘術眞傳ヲ受クルニ至リシモノナリ今ヤ百事便宜ヲ尊ブノ世各種ノ獨習又行ハル丶者多シ獨リ我柔術ノ書未ダ此ノ擧ナキヲ以テ地方遠隔ノ諸生ノ爲メ本書ヲ刋行シテ世ニ頒ツニ至ル此ノ書ハ初學手解ノ項ヨリ進ンデ所謂秘傳眞術ニ及ブ迄細大漏ラスヿナキヲ期セリ若シ夫レ此ノ書ヲ讀ムノ士熟讀猶ホ解シ得ザルノ件アラバ速ニ我道場ニ來ラレヨ予ハ無料ヲ以テ之レガ詳細ノ説明ヲ懈ラザルベシ又接骨モ予ガ累世業トスル所ナリ之レガ疾患アルモノハ速カニ來ラルベシ丁寧心切直チニ治癒ノ療法ヲ行ハン

東京市神田區於玉ケ池松枝町九番地
第五世　磯又右衛門

東京市神田區錦町二丁目三番地
柳眞館主　吉田千春

天神真楊流柔術極意教習圖解跋

曩ニ魁眞樓主人柔術劍棒圖解及ヒ武道圖解ヲ著ハスヤ予乃チ跋シテ云フ天下人民ノ爲メニ之レヲ賀スト世ニ行ハル、ニ及テ果シテ予ノ言ノ如ク天下ノ人民ヲ裨益スル鮮少ナラス今又磯吉田ノ兩氏柔術教習圖解ノ著アリ其說ク所丁寧反覆頗ル其蘊奥ヲ極メ且ツ一々其圖ヲ挿入シ了解シ易カラシム苟クモ有志ノ徒此書ヲ繙カハ良師ニ親炙シテ其敎ヲ受ルト何ソ異ナランヤ予此書ニ於ケルモ亦天下人民ノ爲メニ之レヲ賀スト云フ

明治廿六年十一月下旬

榊原健吉撰

明治廿六年十一月廿七日發行
同　廿七年八月二十日訂正再版

發行者　東京市淺草區三好町七番地　大川錠吉
印刷者　東京市日本橋區新和泉町一番地　瀧川三代太郎
印刷所　東京市日本橋區新和泉町一番地　今古堂活版所
全國一手大賣捌　大坂市心齋橋筋安堂寺町南　青木嵩山堂
同　東京市京橋區南傳馬町二丁目　青木嵩山堂

府下特別大賣捌

日本橋區通り一丁目　大倉孫兵衛
同　四丁目　金櫻堂
京橋區南傳馬町二丁目角　目黒書店
日本橋區馬喰町二丁目　山口藤兵衛
本石町二丁目　上田屋本店
日本橋區通り油町　水野慶次郎
同　大傳馬町　長島恭次郎
神田區神保町　東京堂
日本橋區本町三丁目　金港堂本店
神田區表神保町　上田屋支店
皇國東京各書肆

天神真楊流柔術極意教授図解

平成十三年八月十三日　復刻版 初刷 発行
令和 五 年十月三十一日　復刻版第五刷発行

著　者　吉田千春・磯又右衛門

発行所　八幡書店
東京都品川区平塚二―一―十六
KKビル五階
電話　〇三（三七八五）〇八八一
振替　〇〇一八〇―一―四七二七六三

ISBN978-4-89350-299-5 C0075 ¥2800E